日々のクラスが豊かになる「味噌汁・ご飯」授業 算数科編

野中信行・小島康親 編
「味噌汁・ご飯」授業研究会 著

明治図書

はじめに

　国語科の「味噌汁・ご飯」授業に引き続いて，算数科の「味噌汁・ご飯」授業を提起する。
　算数科の「味噌汁・ご飯」授業は，限られた「時間」の中で，どれほど凝縮した授業ができるかを問いかけている。

　「味噌汁・ご飯」授業研究会のメンバーの中には，様々な条件を抱えている教師がいる。A先生は，
　家庭の事情で，夕方早く帰らなければならない。学校に残って仕事をする時間はない。だから，朝だけ少し早めに学校へ行き，授業の準備をする。
　この限られた時間の中で，算数の準備もする。ほんのささやかな時間。
　でも，確実に算数の成果をあげる。
　例えば，算数2年「新しい計算を考えよう」という単元で，テストの成績は以下の通り。
　〈考え方〉48／50点　〈技能〉48／50点　〈知識〉49／50点
　どうだろうか。どんな準備をしているのだろうか。

　教師経験3年目のB先生がいる。
　研究会に参加して，すぐに算数の授業を変え始めている。それまでは，「教材研究なし・教科書を読むだけの授業（7割）」「本や同僚の先生からもらったヒント（ネタ）で盛り上がる授業（2割）」「思い出したように問題解決型？（いろいろな考えを発表させる）の授業（1割）」というツギハギだらけの授業をしていたという。
　算数の「味噌汁・ご飯」授業を始める。算数の苦手な子供ほど，解ける喜びを素直に感じ取り，算数の授業嫌いが明らかに減ってきた。3人の低学力児も格段に引き上げている。

何をしたら，こういう変化が現れるのだろうか。

C先生がいる。

4年生の担任だった。研究会に参加し始めてすぐに算数の単元テスト平均90点以上を連発する。それだけではなく，クラスの低学力児をことごとく中位の成績（60点，70点，80点など）に引き上げていく。ある1人の男の子（今まではずっと0点などをとってきていた）の母親は，「やっと4年生になって，うちの子は出発点に立てました」と担任に語っている。家庭でも，勉強をするように変わったのである。

どんな授業をしたのだろうか。

特別な授業をしているのではない。

普通の授業をしている。実にシンプル。

私たちは，教科書を教えている。

限られた時間の中で授業準備をし，ほとんど教科書通りに進めている。

それならば，他の多くの先生たちと同じではないかと思われるであろう。そう，ほとんど同じように見える。でも，違う。

余計なことはしない。目の前の子供たちが「問題を解けるようになる」ために全力を尽くす。ただそれだけである。

その結果，上の3人の先生のような成果が生まれてくるのである。

子供たちに勉強の好き・嫌いアンケートを取れば，「嫌い」だと答える教科で，必ずと言っていいほど算数は上位になる。

それほどに算数は，子供たちにとって嫌われている教科になっている。

現実として，算数嫌いな子供を大量に生み出してしまっているのである。

なぜ，こんなに子供たちは算数を嫌いになるのか？

この問いかけに真正面からぶつかる。

私たち「味噌汁・ご飯」授業研究会は，これらの「現実」から出発している。
　★
　特別な教材研究や特別な授業を提起していない。
　その気にさえなれば，いつでも実現できる実践を提起している。

　今まで日本の「授業研究」は，「ごちそう授業」の追究をすることによって成り立ってきた。
　「ごちそう授業」とは，多くの時間をかけて教材研究をし，多くの時間をかけて様々な準備をし，精一杯の授業を提起する試み。
　この授業は，日本全国で「研究授業」という形で具現化されてきた。
　もともとは，私たちが日頃行っている「日常授業」を良くしていこうという試みで始まったはずである。

　しかし，多くの時間が経過し，今では年中行事化している。
　日頃，やっていない特別な「ごちそう授業」を提示し，全体会で互いに検討して，そして終わり。
　先生たちは，明日からまた「ごちそう授業」とは関係がない「日常授業」に戻っていく。
　「あれはあれ，これはこれ」という論理で，「研究授業」と「日常授業」は分けられてしまっている。
　多くの学校現場で，こういう授業研究が展開されているはずである。
　★
　こういう授業研究で，何か変わったのか。
　子供たちの学力が上がったのか。
　先生たちの授業力が上がったのか。
　「ほとんど何も変わりません！」という現実があるだけであろう。
　そのはずである。

1，2時間の研究授業をどんなに一生懸命がんばっても，1000時間近くの「日常授業」はまったく変わらないのだから。

　私たちは，「ごちそう授業」を，「日常授業」にまで広げていかなければならないと主張しているわけではない。
　そんな試みを実現できるわけがない。
　むしろ，この忙しさの中で何ができるのか，という現実的な提案をしている。
　★
　現在の学校現場は，関東圏，関西圏の都市部を中心に，深刻な学級崩壊現象に見舞われている。あるいは，学校崩壊にまで陥っているところもある。
　普通の教師が，普通の教育ができない。
　多くの教師が疲弊し，ぼろぼろになっている。
　鬱病になったり，病気になったり，あるいは，辞職を余儀なくされることも数多い。
　ここで，大きな「転換点」を迎えていると，私たちは認識する。
　★
　私たちは，算数の授業を通して，子供たちと1つの「物語」を作ろうとしている。日々消えていくような，ささやかな「物語」。
　でも，子供たちに算数に対する「意欲」と「自信」を育てようとする「物語」。
　もしかしたら，ある低学力児は，自分の人生を変えるのかもしれない。
　この「意欲」と「自信」が，いずれその子供たちを支えていくことがあると，私たちは夢想する。
　このように私たち教師は，子供たちの未来に託す仕事をしているのである。
　このことを忘れないでおこう。

　　　　　　　　　　　　　　　　　　2017年6月　　野中　信行

はじめに（野中信行）…002

序章 　理論編
提案！
算数科の「味噌汁・ご飯」授業づくり　011

1　日常授業を変える「味噌汁・ご飯」授業　011
1. 「手軽で」「飽きない」「栄養価のある」授業を保障しよう…011
2. 算数で「味噌汁・ご飯」授業をつくる…011

2　「授業づくり３原則」で授業づくりをする　013
1. シンプルな３原則を常に意識する…013
2. 「授業づくり３原則」で１時間の授業時間内でやりきる…013

3　「学力」を向上させる　015
1. 操作的定義をする…015
2. 目標＝授業＝評価（テスト）で一体化する…016
3. 単元テストは良いのに，どうして学力テストがふるわないのか…017

第1章 準備編 算数科の「味噌汁・ご飯」授業づくり　019

1 算数授業の目標を設定する　020

1. 目標を設定する……………………………………………………020
2. 教科書を教える……………………………………………………022
3. 学習規律を整える…………………………………………………026
4. 診断テストをする…………………………………………………030
   ●ふりかえりテスト A〜E
5. １時間の授業のシナリオを提起する……………………………036
6. 「ときかたハカセ」を設定する…………………………………038

2 授業の準備をする　040

1. 指導メモを準備する………………………………………………040
2. 指導メモを作る……………………………………………………042
3. 「ときかたハカセ」を作る 「ときかたハカセ」の種類と使い方……044
4. 「ときかたハカセ」A型（教科書そのままを使う）の作り方……046
5. 「ときかたハカセ」B型（言葉の式＋数式）の作り方……………048
6. 「ときかたハカセ」C型（新しく作成する）の作り方……………050

3 授業は分割方式（ユニット法）で行う　052

1. 前半のインプット部分の指導……………………………………052
2. 後半のアウトプット部分の指導…………………………………054

| 4 | テスト平均80点〜90点を目指す | 056 |

- 1 授業を始める前に準備すること……………………………056
- 2 単元テストの分析……………………………………………058
- 3 10分間授業準備法……………………………………………060
- 4 テストの見直し法……………………………………………062

| 5 | 低学力児への対応を提起する | 064 |

- 1 「できる」から「分かる」へ………………………………064
- 2 授業ではどのような指導をするか…………………………066
- 3 遅れている子供たちを引き上げる〜単語帳引き抜き法〜……068

第2章 実践編
場面別算数科の「味噌汁・ご飯」授業　073

| 1 | 例題指導法 | 074 |

- 1 1年「ひきざんのしかたをかんがえよう」…………………074
- 2 4年「わり算のしかたを考えよう」…………………………076
- 3 6年「比例をくわしく調べよう【比例と反比例】」…………078

| 2 | 類題・練習問題・ドリル指導法 | 080 |

- 1 2年「1000より大きい数」……………………………………080
- 2 4年「わり算のしかたを考えよう」…………………………082
- 3 5年「平均とその利用」………………………………………084

| **3** | 低学力児を引き上げる指導法 | 086 |

- **1** 2年　学力向上のための工夫……………………………………086
- **2** 4年　「四角形を調べよう」の指導の工夫……………………088
- **3** 5年　低学力児への指導の工夫…………………………………090
- **4** 特別支援学級　子供たちへの指導の工夫……………………092

第3章　応用編
レベルアップを目指す！算数科の「味噌汁・ご飯」授業　095

| **1** | 高学年でも高得点を上げる実践 | 096 |

- ■　6年「速さ」……………………………………………………096

| **2** | 授業で図をかかせる | 100 |

- ■　2年「かけ算」…………………………………………………100

| **3** | 復習テストを作る | 104 |

- ■　5年「平均とその利用」………………………………………104

目次　9

| 第4章 | よく分かる！算数科の「味噌汁・ご飯」授業づくり Q&A | 109 |

Q1	算数と数学の違いをどう考えればいいのでしょうか。	110
Q2	「ときかたハカセ」はどうしたらうまく作れますか。	112
Q3	（業者）テストの成績を上げるにはどうしたらいいですか。	114
Q4	低学力児への対処法を教えてください。	116
Q5	「教科書を教える」ことにはどのような趣旨がありますか。	118
Q6	どうすれば，全員参加の授業になるのでしょうか。	120
Q7	10分間程度で，どのようにして教材研究するのでしょうか。	122
Q8	「問題解決学習」を行っていないのはなぜですか。	124

おわりに（小島康親）…126

序章　理論編　提案！　算数科の「味噌汁・ご飯」授業づくり

1　日常授業を変える「味噌汁・ご飯」授業

1　「手軽で」「飽きない」「栄養価のある」授業を保障しよう

　食卓に毎朝並ぶ味噌汁とご飯のように，手軽にできて，飽きなく，栄養価のある授業を日々提供したい。

　「味噌汁・ご飯」授業の主張は，『毎日の授業を大切にしよう』ということに尽きる。特に，算数はほとんどの学年で毎日行われ，1時間ごとの積み重ねが授業の成果に大きく関わる教科でもある。

　以下の3点を日常の授業に組み入れることで，必ず，教師も大きく手応えを感じられる。

　「そうか！」「分かった！」「先生，できるようになったよ！」

　算数こそ，こうした言葉が子供たちから多く聞くことができる教科である。こうした言葉は，私たちの多忙感を和らげてくれるのではないだろうか。

- 「手軽にできる」⇒準備の方法が確立されている⇒<u>10分間授業準備法</u>
- 「飽きない」⇒子供にアウトプットの活動があり，見通しがもてる⇒<u>分割方式</u>
- 「栄養価のある」⇒全員の学力保障がある⇒<u>ときかたハカセ</u>

2　算数で「味噌汁・ご飯」授業をつくる

1　「手軽にできる」算数授業

　10分間授業準備法（p.60参照）で行う。

　クラスの子供をイメージし，子供の思考に沿って教科書を読み込む。教科書を例題（インプット部分），練習問題（アウトプット部分）に分ける。または，思考させるところと習熟させるところに分ける。

そうすることで子供のつまずきが予想できる。たった10分でも，これを毎日続けることは大きな教師修業になる。1日の勤務時間の中に，教材準備の時間を必ず組み込むようにしたい。

2 「飽きない」算数授業

分割方式（p.52参照）で行う。小刻みな活動でフォローを多く入れる。子供同士を交流させる。インプットで学んだことは，必ず，すぐにアウトプットで定着させる。

内容は違っても，パターンは同じことが重要である。子供も見通しを持てることで，すこしのつまずきも乗り越えていくことができる。

3 「栄養価のある」算数授業

本時のまとめにあたるものを「ときかたハカセ」（p.44参照）と名づけた。1時間の中で身につけさせたいことを明確にし，そのゴールから逆算して指導を組み立てる。

「ときかたハカセ」は教科書にそのまま載っている場合もあるが，内容を抽出し，自分で組み立てなければいけないこともある。

どちらにしても大事なことは，教師自身が「自分で見つける」ということである。問題を子供に投げて，子供の意見だけに授業を任せるのではない。また，詳細な授業シナリオを覚え，台本のように言葉をなぞるのでもない。

これは自分自身がクラスの実態に合わせて授業を構成していくために必要な作業である。

また，学力的に個別の指導が必要な子供へは，別の手立ても同時に考えていく必要がある（p.64参照）。算数授業の成否はこの子供たちにかかっているとも言えるのだ。

（上澤）

序章

2 「授業づくり3原則」で授業づくりをする

1 シンプルな3原則を常に意識する

「味噌汁・ご飯」授業における授業づくりの原則は3つのみだ。教科が算数になってもそれは変わらない。次のように表せるシンプルな3原則である。

> 指導言—活動—フォロー

「指導言」とは教師が子供に投げかける発問・指示・説明を表す。
「活動」とは教師の「指導言」に従い，子供が何らかの活動を行うことだ。
そして「フォロー」は，その活動に対する教師の評価や助言である。
これら3つを一体的に意識することで，日常授業はうまくいくのである。一体的にとは，3つのバランスをうまくとるということだ。
例えば，「指導言」が長くなると，教師ばかりが話す「おしゃべり授業」に陥ってしまう。
「活動」もすべて子供任せではいけない。きちんと本時の目標達成に向かう活動でなければならない。
「フォロー」は惜しみなくしたい。一斉指導の現場では，通常教師は一人しかいない。40人全員に1時間の授業で1回ずつ褒め言葉をかけたとして40回は褒める必要がある。そういう意識を持つことが必要だ。

2 「授業づくり3原則」で1時間の授業時間内でやりきる

さて，日常の授業は，まず教師の指導言から始まる。算数授業では，多くがその日に扱う「例題」指導から始まる。よって，例題を子供たちに読ませることから始まるのである。
ここで大切なことは，**例題を短時間で繰り返し読ませる**ことだ。

ほとんどの初任者は、例題を１回しか読ませないですぐに立式をさせようとする。だから全員がすぐには立式できるようにならない。例題の中のキーワードをワーキングメモリにしっかり記憶できるような読みをすべきなのである。

　教師の指導言により例題中のキーワードをしっかりととらえることができれば、次に子供はその例題の解き方を考えることになる。

　「味噌汁・ご飯」授業では、例題の解き方を「ときかたハカセ」として明示することにした。教科書を基本に解き方を再編集するのだ。もちろん、教科書に示されている解き方がそのまま「ときかたハカセ」となることもある。「ときかたハカセ」については、準備編に詳述したので参考にしてほしい。

　問題の解き方が分かれば、それを使って、類題や練習問題を子供たちは解いていけるだろう。解き方例が２つ以上教科書に示されている場合は、最適な方法について子供と共に短時間で確認すればよい。

　「味噌汁・ご飯」授業では、この類題や練習問題を解く「活動」に充てる時間を十分に確保する。そして本時の目標を達成するために、教科書に示された１時間分の類題や練習問題はすべて**授業時間内に学校でやりきる**ようにするのである。残った分を「あとは宿題」とすることは、個人差を広げる一つの原因となる。１時間分の内容を１時間の授業内でやりきるということを日常化していく。

　「味噌汁・ご飯」授業では、すべての子供たちに授業を通して達成感を味わわせ自信をつけさせたい。その切り札が「フォロー」である。

　初任者に授業を録音し自ら聴き直してもらうと、最も多く寄せられる感想が、「自分ではもっと子供たちを褒めていると思っていた」というものだ。

　「味噌汁・ご飯」授業ではこの意識と実際とのずれを解消することを目指し自分の授業を客観視できるようにしていく。

　算数が苦手な子ほど、教師のフォローが必要なはずだ。先生の発した一言がやる気を生み出し、苦手な算数を好きに変えていく。改めて切り札となるフォローを強く意識したい。

(秦)

3 「学力」を向上させる

　「学力」とは何か。こういう問いかけをすると，袋小路に入り込んでしまう。様々に定義がなされていて，「これだ！」というまとめがない。私たち現場の人間は，戸惑ってしまう。

　私たちが一番説得力があると判断した考え方は，上越教育大学の西川純先生の『THE 教師力ハンドブック　簡単で確実に伸びる学力向上テクニック入門〈会話形式でわかる『学び合い』テクニック〉』（明治図書）になる。

　この考え方に基づいて，「学力」を考えていく。

1　操作的定義をする

　「学力」とは何か。

　それを明らかにするためには，**「操作的定義」**を用いる。何によって測定しているかを明らかにすることによって「学力」をはっきりしようとすることである。

　この「操作的定義」いう考え方は，もともと物理学のブリッジマンが提唱したとされている。それを心理学がさかんに利用してきたという経緯がある。

　例えば，「知能」を測定しようとする場合は，「知能とは知能検査で測られたものである」という操作的定義をする。田中ビネー式検査のような知能テストを用いて知能を測定する。ここで数値化されたものが，知能ということになる。

　教育の分野でも，操作的定義は使われている。

　例えば，「体力」を測定しようとする。全国一斉に，学校現場では，「体力は新体力テストで測られたものである」という操作的定義をしている。

　「知能」も「体力」も，実際には操作的定義で測られている。ほとんど誰も異論がない。

　じゃあ，「学力」だって，操作的定義で測定すればいいではないかとなる

はずである。そうすると,「学力は,テストで測られたものである」という操作的定義がなされる。ここで言う「テスト」とは何かという問いかけが出てくる。それは,いつも単元指導の後に行う「単元テスト」(小学校は業者テスト,中学校は自作テストなど),様々な「学力テスト」,「全国学力テスト」などになる。

　こういう風に言うと,異論が続出する。知能や体力では,ほとんど出なかったのであるが…。つまり,直接的に自分の指導力が関与してくるからであろう。

　「テストで学力を測るというが,そんなことで『ほんとうの学力』が測られるのか？」「テストでは測られない,大切な学力はどうするのか？」という反対意見が必ず出てくる。だが,「それではあなたが考える学力とは何ですか？」「その学力をどのようなもので測るのですか？」という問いかけには答えられない。大変なことであるから。

　「ほんとうの学力」というのは,ない。操作的定義で行った「学力」があるだけである。

　ただ,「テストで測られない大切な学力」は,もちろんある。今,大学入試で,思考力,判断力,表現力などを測ろうと記述式のテストを導入することが話題になっている。これなども,大切な学力の１つになる。測ろうとするならば,今のところ記述式のテストなのである。でも,いずれ様々なテスト問題が考え出されてくるはずである。

2　目標＝授業＝評価（テスト）で一体化する

　私たちは毎日授業をしている。その授業には,目標（ねらい）がある。本時の目標である。その目標を達成するために授業がある。そして,その目標が達成されているかどうか,必ず「評価」がなされなければならない（これが極めて曖昧になってはいるが…）。その「評価」は,全員になされなければならない。これも当然のことである。

　だから,**目標（ねらい）と評価は一体でなければならない。授業の目標が**

あり，それを踏まえて授業がなされ，そして目標が達成されたかどうかの「評価」をする。目標→授業→評価という筋道があり，これは同時に目標＝授業＝評価という一体化が図られなければならない。至極当たり前のこと。

この「評価」（テスト）で，きちんとした学力が身についているかどうかを判断するわけである。その学力は，テストの点数となって出てくる。

普通，小学校では毎日授業を進めて，単元終了後に単元テストを行う。そのためには，授業と評価が，一致しておかなくてはならない。どのように授業計画を立てるかということになる。

私たちは，単元指導に入る前に必ずテスト（評価）を分析する。業者テストを使っているので，そのテストの分析である。テストの問題の１つ１つが，教科書の，どの時間で指導するのか，練習問題を習得させれば解けるか，教科書指導では，うまく解けない，むずかしい問題はないか（必ずあると言っていい），その問題には類題を作って，どの時間に指導するか，などを検討する。そのようにして目標＝授業＝評価を一体化させている。

このような取り組みを経て，「学力」を向上させていく。

3　単元テストは良いのに，どうして学力テストがふるわないのか

評価のテストの点数が，私たちが考える「学力」である。「学力」を上げるというのは，テストの点数を上げていくという取り組みになる。

日頃の授業の結果は，単元テストの点数で出てくる。だからこそ，毎日の「味噌汁・ご飯」授業が大切になるのである。日頃の「日常授業」で手を抜けば，それだけテストの点数に反映される。当たり前である。だから，私たちは，「学力向上」の目標の目安を「単元テスト」の点数（平均80点～90点）に置いている。

「味噌汁・ご飯」授業の取り組みで，確実に子供たちの学力は向上していく。単元テストの成績である。

しかし，注意しなければならないのは，この単元テストの成績向上が，他の学力テストの成績向上にもつながるかと言うと，必ずしもそうは言えない

ことである。

　単元テストの成績は良いのに、全国の学力テストや、他の学力テストの成績がふるわない子供たちを目にしているはずである。「教科書ではできていたのに、どうして学力テストではできなくなるんだろう？」と疑問に思われてきたことはないだろうか。

　ここに認知心理学の成果が準備されている。「文脈依存性」や「領域固有性」という言葉で説明される。どういうことか？

　認知心理学によれば、一般的な知識や能力というものはなくて、我々の能力の大部分は状況にもの凄く依存する。つまり、あることで学んだことが他の状況では使えないということがしばしば起こる。これが「領域固有性」という言葉で説明されている。我々が獲得した知識や技能は、それを獲得した状況と結びついて記憶されるために、同じ問題も、それと違う状況で出されると、子供たちにとっては全く違う問題に思えてしまう。例えば、図形の問題は、教科書や単元テストでは、図形の底辺は問題用紙の底辺と一致している。ところが、学力テストでその底辺が斜めになってしまっていると、とたんに違う問題になって間違ってしまう。だから、正答率がぐんと下がってしまう。こんなことってよくあるはずである。この問題を克服するには、底辺が斜めになっている類似の問題を数多くこなしておかなくてはならない。問題の出し方や答え方の違いによって、子供たちは同じ問題でも違う問題としてとらえてしまう。そのことが認知心理学で明らかにされている。

　私たちは今まで、「基本的な学習理解ができていれば、その学習理解でさらに発展した応用問題にも対応できる」という認識で、学習指導をしてきたはずである。しかし、この認識は成立しないと、認知心理学は教えている。

　「学力」は、単元テストや様々な学力テストによって違ってくる。同じ「学力」というのはない。だから、どんな「学力」を上げようとしているのかをまず考えなければならない。そして、そのためには、それぞれのテストに合わせて準備していく以外にないわけである。このことも、認知心理学は教えている。

（野中）

第1章

準備編
算数科の「味噌汁・ご飯」授業づくり

　「味噌汁・ご飯」授業の勝負は，この準備にかかっている。
　最初は，単元の指導の前にきちんと単元の目標の確認と，そして単元テストの確認から入る。ここは必ず行う。
　1時間ごとのポイントは，前半のインプット部分から後半のアウトプット部分に移るときの「ときかたハカセ」になる。
　この「ときかたハカセ」をうまく作れるかどうかが勝負になる。
　私たちは，短時間に教材研究（授業準備と呼んでいる）をするためにいつもの指導案を書かない。指導メモに鉛筆でメモをしていくだけ。この時間が10分ほど。そのくらいで行えるように習慣化してほしい。この算数の目標は，単元テスト平均80点〜90点。
　この目標を目指して，何をしていくか。
　低学力児に対して，どのような手立てをとるか。
　この準備編で明らかにしていく。

第1章

1 算数授業の目標を設定する

1 目標を設定する

1 算数の３つの目標を設定する

私たちは「味噌汁・ご飯」授業の目的を３つ設定している。

① 日常性を追求すること。
② 基礎的な学力保障があること。
③ 全員参加であること。

この目的に合わせて，算数授業の目標を導き出している。

A　教科書を教える。
B　単元テストで平均80点〜90点を目指す。
C　低学力児を引き上げていく。

Aの「教科書を教える」は，教科書を使って教えていくという当たり前の目標になる。「教科書で教える」ではない。

毎日の算数授業で，様々な教材を用いて工夫した教え方をすることは，「日常授業」では無理なことである。限られた時間の中で，最低限の授業準備をして授業に臨まなければならない。そのためには，どうしても「教科書を教える」ということになってくる。だが，教科書通りでなければならないとかたくなに考えているわけではない。時間の余裕があれば，工夫が考えられることは当然のこと。

Bの「単元テストで平均80点〜90点を目指す」という目標も，目安である。クラスの子供たちの状況，教材の難度，教師の力量などで，この目標が達

成できない場合が出てくる。しかし，学習指導要領に基づいて作成された単元テスト（小学校の場合多くは，業者テストを使っている）で，平均点を目指すことは大事な目標になる。

Cの「低学力児を引き上げていく」という目標は，簡単な課題ではない。クラスの中で，テストが10点，20点，30点などをとっている低学力児を50点，60点，70点などの中位へ引き上げていくのである。

しかし，今ではそのままに放置されて，上の学年に上げられることが日常化している。かつては「落ちこぼれ」「落ちこぼし」として多くの教師たちの，大きな課題であったはずである。

私たちの「全員参加であること」という目的は，全員参加の授業をつくり上げるということと同時に，クラスの低学力児を引き上げていくという目標にしている。

2 「学力を上げる」ことの本質的な課題

「学力を上げる」という課題は，単にテストの点数を上げるということではない。点数を上げることだけが目的になったならば，点数主義に陥っていく。私たちは，「学力を上げる」という本質に，「がんばればできるようになるんだな」という「**自信**」と，「算数が分かるようになってきた！」「算数の勉強がおもしろくなってきた！」という「**意欲**」を育てるという課題がなければならないと考えている。

ただし，算数授業を「手を挙げる子供が多くて，とても意欲的です」「様々な答えが多く出されて，とても思考力がある子供たちです」などの抽象的な評価で判断しない。

テストの「点数」という「**事実**」で判断する。

「学力を上げる」という課題は，この点数を上げていくという「事実」をつくり上げることにあると考えている。

そのためには，毎日「味噌汁・ご飯」授業をこつこつと積み重ねなければならない。

（野中）

2 教科書を教える

1 教科書の構造とは
① 構造は意外とシンプル

算数教科書の構造は，各社ともシンプルなものが多い。

毎時間の内容は，ほぼ**例題→類題→練習問題**の順に記されている。

つまり例題を提示し，似たような問題を繰り返し解かせる構造になっているのである。このシンプルな構造について子供たち自身に気づかせることがまず大切なのである。

しかし，現場では教科書を見せないという指導をしばしば目にする。

「味噌汁・ご飯」授業では，教科書を大切にし，教科書をしっかりと教えることが中心になる。

なぜか。似たような問題を繰り返し解かせることが，どのような問題も解けるようになる対応力，応用力をつけるからである。

例題のみをしっかり扱えば，類題や練習問題は自力で解けるようになる。これができるのは，類題や練習問題を見たときに例題と似ている問題だということに，即座に気づける子供だけだ。多くの子供は，類題や練習問題を繰り返し解く中で，それらが例題と似たような問題であることに少しずつ気づいていくのである。

だから，「味噌汁・ご飯」授業では教科書をとことん読ませ，使い倒す。教科書を見せないという指導はしない。むしろ早くその日に扱う内容の全体像を見せ，**例題→類題→練習問題**の順に今日も並んでいるということに気づかせ見通しと安心感を持たせるのがよいのだ。

② 教科書というシステムを熟知する

さて，教師も教科書がどのような構造になっているかを十分につかんでおきたい。指導書ではなく，子供が手にする**教科書**を熟読しておきたい。

例えば，東京書籍平成28年度版の教科書では，「もくじ」に大きな改善が見られる。今学習している単元につながる単元が「もくじ」に明示されてい

るのである。6年教科書の「もくじ」には、「12　並べ方と組み合わせ方　順序よく整理して調べよう……154　▶　中2確率」のように**中学校のどの単元につながるかも示されている**のである。年間指導計画表だけでなく、この「もくじ」を見ることによって、**教師も子供も保護者も**単元同士のつながりが分かるように改善されたのである。これは、子供に教えた方がよい。

　同じく東京書籍版では、「もくじ」の次に学習の手引きも示されている（2年以上）。そこには、教科書で使うマークの意味も丁寧に解説されている。例えば□の問題は「今日の問題」（例題）、☆の問題は「考えるときの手がかり」の問題（例題の解き方や例題関連問題、類題）、というようになっている。

　これらの工夫から、教科書が6年間を見通した学習システムを構築しようとしていることに気づかされる。つまずいたときや学習内容を忘れたときに、いつでもふり返ることができるように進化しているのである。

　さらに、東京書籍版では、ほとんどの単元導入時に導入ページが1ページ設けられている。10分程度で扱うこのページは極めて役に立つページだ。なぜなら、その単元以前の既習事項について子供が興味を持ってふり返ることができるよう巧みに仕組まれているページだからだ。それはまた、既習事項とこれから扱う単元のつながりや、単元全体の見通しが持てるようにも工夫されている。

　さりげない工夫に、教師が気づかないことさえある。例えば、2年たし算の単元では冒頭「44」という数字が登場する。ここでは十の位の「4」と一の位の「4」の意味を再確認させる意図が感じられる。そのような工夫だ。

　この他、ノートの使い方具体例、説明の仕方のこつ具体例、ふり返りのページ、補充問題、まとめのページ、類題・例題の解答、さく引等々様々な工夫が教科書には見られる。

　消化しきれない補助教材を購入する前に、まず教科書を使い倒すことを考えたい。それには教師が教科書の構造をしっかりと把握し、毎日の授業で教科書を教え、繰り返し地道な指導を積み重ねることが大切なのである。

2 例題・類題・練習問題の授業過程を考える
① 教科書を繰り返し読ませ，解き方を全員で確認する

　例題・類題・練習問題の授業過程を考える上で最も大切なことは，45分間をフル活用し，1時間の内容を1時間でやりきるということだ。本時の目標を達成するために繰り返し問題を解かせることが大切だ。

　授業中に例題だけでなく，類題・練習問題と似たような問題を繰り返し解かせることが学習内容の定着につながり，学力保障へと結びつくからである。

　例題は，通常数行の文章で示される。数行だからこそ，繰り返し読み全員に要点を的確にとらえさせることが重要になる。現場では，毎日，例題をたった1回しか音読させない実践をしばしば見かけるが，「味噌汁・ご飯」授業では**繰り返し例題を音読**し，全員が要点をつかむことを重視する。

　具体的には例えば次のようにする。テンポ良く，できるだけ短時間で繰り返すことが重要だ。

〈繰り返し音読の方法例〉

※必ず教科書を使う。　★基本的に板書はしない。
(1) 教師が正確に例題を範読する。
(2) 連れ読みさせる（教師→子供）。　★実態に合わせて1回～数回程度
(3) 自力で音読させる（子供）。
(4) 教師が要点を強調して読む。　★慣れたら子供に強調させてみるのもよい。
　・子供が同じように読む。
(5) 教師がゆったりと要点を強調して読む。
　・子供が同じように読む。
(6) 強調して音読したキーワードを確認する。
　・強調したキーワードをペアで指差し確認させる。　★全体でも確認

　例題の要点を全員で確認したら，解き方を確認する。

　「味噌汁・ご飯」授業では「ときかたハカセ」を導入し，解き方を全員に教え共通確認する。そして，**全員が解ける**という事実を積み重ねていく。

「ときかたハカセ」は自転車に乗れない子が使う補助輪のようなものだ。それがあるからこそ自転車にとりあえず乗れるようになる。そして，練習を繰り返すうちにやがて補助輪なしでも乗れるようになる。そのようなイメージだ。補助輪なしでいきなり自力走行できる子は，わずかなのである。

　例題指導も「授業づくり３原則」に従うことが重要だ。特に，苦手な子へのフォローは必須である。意図的に指名し，「ときかたハカセ」を使って問題が解けた際には大いに褒め，認めて，自信をつけさせる。

２ 練習問題までをまずやりきる

　例題の次は類題を解く場面だ。これは練習問題を自力で解けるようにするための助走のようなものと考えてほしい。「ときかたハカセ」を適用すれば例題同様問題が解けるということを再確認する場だ。

　大切なことは，例題と似たような問題であるということに気づかせることだ。「数量が変わっただけ」「問題の設定場面が変わっただけ」というような気づきをした子供がいたら大いに褒め全体に返し，共通確認したい。ここでも確認に際しては全員参加を忘れてはならない。ペアで類題ができたかを確認し合い，誤りがあった場合には互いに教え合い修正させる。教師は机間巡視を的確にし，特にフォローが必要な子に例題との違いを教え類題が解けるよう導くことが重要だ。

　類題が教科書にない場合もある。そんなときは補充問題，まとめの問題，テストの問題等を予め見て，必要に応じて類題を用意する必要がある。

　また，例題・類題の指導については，時間配分を慎重にすることが大切だ。最後の練習問題を解く時間を十分確保しなければならないからだ。指導言を整理し，端的で的確なフォローをテンポ良くすることが基本になる。

　そして練習問題では，例題・類題を解いた経験をもとに，全員が協力し合い解けるようになることが大切だ。ここでも教師は「ときかたハカセ」をまず再確認し，例題・類題と似ていることに気づくようフォローする。早くできた子には，まだできない子に解き方を教える，ヒントを出すなどし，自身も解き方をふり返らせることをさせたい。

（秦）

3　学習規律を整える

1 算数で学習規律を意識させる
① ピンチ！算数担当になって

　転任校で算数少人数担当となった際に改めてハッとしたことがある。それは，今まで以上に年間を通じ，学習規律を意識する必要があるということだ。

　担任であれば，この指導は『3・7・30』の期間が中心になる。もちろん，30の期間が過ぎても，身につかない子はいる。ただし，その後の指導は学習集団の力を借りて個の支援をしていくことが多い。

　一方，少人数教室は校内で唯一，学級単位の利用がない教室である。様々な学級から授業の些細な約束の違いが流入する。

「先生は，その手の挙げ方を許しません」
などと指導しても，学級で統一した指導がされないと，徹底されにくい。

　それでも同じ学習集団を毎回指導しているのであれば，集団が空気をつくる。しかし，基本的に少人数教室に同じ学習集団は訪れない。

　毎回，大切な学習規律について意識し，指導しなくてはならなかった。そしてそれを繰り返すことが必要だった。

　ただし，これは貴重な経験でもあった。今まで以上に学級開きの緊張感を持ち，授業規律の優先順位を考えるきっかけになったからである。

　算数教室づくりの経験から，強く必要性に気づき，大切にしてきたことを以下に報告する。

② 繰り返し指導のアイディア　〜算数が得意になることわざ〜

　直接指導することに合わせて，掲示資料を作成した。出入り口に掲示することで何度でも目に触れることができる。「ことわざ」は短いフレーズで，頭に入りやすい。

例）
「時は金なり」…時刻を守る。

「立つ鳥跡を濁さず」…机の位置や消しゴムのカスを整理して退出することを指導。
「良薬口に苦し」…厳しい指導や習熟の時間の場面で活用。
「終わり良ければ全て良し」…授業終了時の挨拶で指導。挨拶後，ほんの少しの無音時間をつくる。全員の気持ちが揃った時点で授業を終える。
「聞くは一時の恥聞かぬは一生の恥」…意見交流の際に指導。
「能ある鷹は爪を隠す」…知っていることをすぐ口に出す子に指導。
「親しき仲にも礼儀あり」…忘れ物をしたときなどの指導場面で活用。
「笑う門には福来る」…重い雰囲気を変える際に活用。冗談を言うときにも。

③「10の学習規律」から

　野中氏の挙げる10の学習規律（『日々のクラスが豊かになる「味噌汁・ご飯」授業　国語科編』参照）は，算数授業でこそ特に大切にしたいことが多くある。算数で授業規律を確立することが，他の教科にも派生していく。
　エネルギーが有り余る小学生の学習では，「静」の活動と「動」の活動を

ゲームのように組み合わせながら，学習規律を徹底させていきたい。
ア　挙手はきちんと
　挙手が悪いと，教室の空気が一気に淀む。
　空気が淀むと，授業のテンポが落ちる。
　授業を運営する以上，教師は挙手を制することをしなくてはならない。
　ただし，子供には「きちんと」という指導言は使わない。
　「きちんと」が理解できない子供がいる上に，こうした言葉はすでに今までの学校生活で聞き飽きており，耳に入っても心に届かないことが多い。
　こうしたときほど，教師の言葉かけを磨くチャンスである。
　子供の心に届く間接表現を考えるのは，実は楽しい。楽しみながら日々作戦を練りたい。
・天井に突き刺さるように手を挙げなさい。（秒数を計ってゲーム的に）
・親指を人差し指にしっかりつけて手を挙げなさい。（自然と指先が伸びる）
・あれ？　先生は，手を『曲げなさい』とは言っていないけどな。（笑顔で）
　また，指名される前に勝手にしゃべり出す子供には，こう繰り返し話す。
・『お喋り』でなく，『発言』をしなさい。発言は手を挙げて，立ちましょう。
　授業開きからこれらを徹底しないと，子供はいつまでも群れのままになる。
イ　ノート指導の徹底
　大量の板書を写さなければならないとなると，子供は嫌になる。だから，教師の話を聞く時間，ノートに書き写す時間を明確に分け，小刻みな作業指示で追い込みを図る。
・**先生が黒板に書き終わってから，３秒で皆さんも鉛筆を置くのですよ。**
　こう言って，本当に３秒数える。できた子を大げさに驚けばいい。（「褒める」より，「驚く」がいい！）
　算数の場合，例題を書く時間がよい。問題を枠囲いするように指導してある場合は，例題を書き終わる際，枠囲いする際と二段階に分けて，子供たちを焦らす。焦らせる。
　日付，ページの書き方，定規での線の引き方などは，こうして一時に一事

を教えるつもりで徹底させていく。

　また，問題を終えた子から，教卓に並ばせるときがある。

　その際こそ，事前にしつこく注意事項を伝える。

・先生は筆算と筆算の間を縦横２行以上開けていない人に○はつけません。
・＝（イコール）を定規で引いていない人に○はつけません。

　眉間に皺を寄せて話し始めると，「まただ…」と子供たちから笑いが起きる。

　もちろん，授業後のノート点検も欠かさない。評価してもらえないといい加減になるが，ちょっとした評価（瞬時につけるＡＢＣなど）や声かけだけで低学年児童のノートはあっという間に変わる。

　もちろん，じっくり見たいときは回収する。しっかりコメントを入れる。見本をコピーし，紹介する。ただし，普段は「先生に見せた人から休み時間です」と言っている。

　また，時には「班全員が合格したら休み時間」などと言いながら，周りの友達のことへ意識を向けさせていく。

ウ　授業時間を守る

　授業時間が伸びると，子供の集中力は極端に落ちる。あわせて，いつも授業がダラダラと始まったり延びたりしていると，子供がすぐに動けず，結局漫然とした時間が過ぎていく。これは教師の責任である。

　授業の終了時刻は確実に守りたい。

　同時に，開始時刻は子供にも強く意識させる。

・たった一人が１分半遅れてくるだけで，同じクラス30人分の時間だと，45分も人の時間を奪うことになるんです。

　サッカー好きの子供が多いクラスの場合は，45分をサッカーの前半，後半の時間になぞらえて語ったこともある。

・試合によって時間が延びたり縮んだりするゲームは本当におもしろいでしょうか。

　45分の時間を，子供たちに目一杯活動したと感じさせたい。　　　　（上澤）

4　診断テストをする

1 診断テストの意義

　例えば4年で学習するわり算の筆算である。前学年までに習った加減乗除の内容を必要とする。算数（特に計算領域）は他教科よりも積み重ねの要素が高い。今までの学習内容が身についていなければ当然，授業についていけない。もちろん，学年で購入した業者テスト等にも前学年のふり返りワークがついていることが多いだろう。ただし，必要なのは，「今までの学習内容がどのくらい理解できたか（点数）」ではなく，「今までの学習内容の何が身についていて何が身についていないのか（項目）」を発見することである。つまずきのスクリーニング（選別）作業になる。

　これは，新しいクラスを担当したら，早急に行う。一人一人の子供に「私は，こんなにできるようになった」と実感させるためにも，今後の保護者への説明責任のためにも，活用できる資料になる。

2 診断テストの手順

　以下の手順で行う。

1）前学年，前々学年の診断テストをそれぞれ10分程度で行う。
⇒朝学習の時間などを活用。実態によってはさらにさかのぼった診断も必要。
2）一斉に採点する。（隣同士交換などでもよい）
⇒「これからの算数がよく分かるように」という趣旨説明をしっかりする。
3）個票の作成を行う。
⇒クラス名簿に項目ごとの合否を記入。つまずいている箇所をチェックする。
4）休み時間や給食準備時間などで個別に指導する。
⇒子供同士の教え合いも可能。

　以下，各学年の診断テスト例を示す（A→1年／B→2年の学習内容…とした）。

（上澤）

ふりかえりテストA	_____ がつ _____ にち
	なまえ _____

たしざん（10まで）
① 2 + 6 =　　　② 3 + 5 =

ひきざん（10まで）
③ 6 − 1 =　　　④ 7 − 4 =

たしざん（くり上がり）
⑤ 7 + 8 =　　　⑥ 4 + 7 =

ひきざん（くり下がり）
⑦ 13 − 9 =　　　⑧ 16 − 7 =

3つのけいさん
⑨ 8 + 4 − 7 =　　　⑩ 9 − 3 + 2 =

ふりかえりテストB

　　　　　　　　　　　　　　　　　　　　　月　　　　日
名前

たし算のひっ算（ひっ算を下に書きましょう。）
① 2＋6　　　　　　　　② 3＋5

ひき算のひっ算（ひっ算を下に書きましょう。）
③ 76－38　　　　　　　④ 88－69

かけ算
⑤ 5×8＝　　　　　　　⑥ 7×4＝

4けたの数
⑦ 800＋500＝　　　　⑧ 900＋300＝

⑨ 1000－600＝

ふりかえりテストC		月　　　日

名前

たし算とひき算の筆算

① 　2608
　　+7592

② 　4000
　　－1699

かけ算（筆算を下に書きましょう。）

③　567×68

④　807×21

わり算（あまりが出るときはあまりも出しましょう。）

⑤　42÷7＝

⑥　47÷5＝

小数

⑦　1－0.6＝

分数

⑧　$1 - \frac{7}{8} =$

ふりかえりテストD		月　　　　日

名前 _____

わり算の筆算（筆算で行い，商は整数で求めます。わり切れないときはあまりも出しましょう。）

① 630÷34　　　　　　② 808÷259

小数のたし算ひき算（筆算を下に書きましょう。）

③ 0.073+0.137　　　④ 40−3.04

小数のかけ算わり算（筆算を下に書きましょう。）

⑤ 1.57×46　　　　　⑥ 25.2÷36

分数

⑦ $\dfrac{3}{8}+\dfrac{6}{8}$　　　　　　⑧ $4\dfrac{1}{6}-\dfrac{2}{6}=$

ふりかえりテストE

　　　　　　　　　　　　　　　　　　　月　　　　日
名前　　　　　　　　　　

小数のかけ算わり算（筆算を下に書きましょう。わり算はわり切れるまで計算しましょう。）

① 0.6×2.4　　　　② $1.8 \div 1.2$

倍数と約数

③ 最小公倍数を求めましょう。　　④ 公約数をすべて求めましょう。
　（12, 14）　　　　　　　　　　　　（18, 24）

分数のたし算とひき算

⑤ $\dfrac{1}{9} + \dfrac{5}{6}$　　　　⑥ $1\dfrac{1}{5} - \dfrac{8}{9}$

分数のかけ算とわり算

⑦ $\dfrac{3}{4} \times 11$　　　　⑧ $\dfrac{2}{13} \div 4$

5　1時間の授業のシナリオを提起する

　ここでは「味噌汁・ご飯」授業・算数の1時間の基本シナリオ例を提起する。

1 導入　→既習事項の復習または計算練習

- 挨拶はごく短く。すぐに授業に入る。
- 既習事項に関する問題（通常は前時）を数問出題し板書する。
「時間は3分です」と言い，すぐに解かせる。ノートに書かせる。早くできた子供には見直しさせる。
- 3分で止め，全体で○つけさせる。
- 挙手等で，できを確認し，よくできていたら大いに褒める。
つまずいた問題は即座に周辺で教え合い，直させる。
※計算力に課題のある子供が多い場合は，計算練習を入れる。出題数は実態に応じて勘案するが，タイムを計り，できたら記録させる。

2 例題を読む　→キーワードをつかみ，本時のめあてを確認

- p.24に示した〈繰り返し音読の方法例〉を参考に，キーワードをつかませる。
- 既習事項と比べ何が変わっているかを確認し，本時のめあてを確認する。

3 解き方をつかむ　→「ときかたハカセ」でノートにまとめる

- 教科書に示されている解き方のヒントや解き方そのものをよく読む。
- 「ときかたハカセ」として解き方を全体で確認，板書し，ノートに書かせる。解き方が複数ある場合はここで最適なもの1つに絞る。
※教科書の解き方が分かりにくいときは，教師が補足・再編集して，「ときかたハカセ」として示す。最適なものを教える。
- テンポ良く進め，教師は説明を極力短くする。

4 例題を解く　→「ときかたハカセ」を使って例題を解く

- 解くための時間を示し，すぐにノートに書かせる。
- 早くできた子供は，次のような指示を出す。

〈指示例〉・「できた式，答えを黒板に書きなさい」
　　　　　※複数の子供への指名可
　　　　・「『ときかたハカセ』を暗記しなさい」
　　　　・「周りに『ときかたハカセ』の使い方が分からない子がいたら，使い方を教え合いましょう」
　　　　　※普段から全員ができることの大切さ，教え合い，学び合うことで互いの学びが強化されることを話しておく。

・教師は子供のでき具合を見ながらフォローの言葉を発し続ける。特に，苦手な子が解けていたら大いに褒め，板書させ全体の前でも褒める。
・時間が来たら直ちに正解を確認し，ノートに○つけさせる。教師は子供が板書した式，答えにも○つけし，大いに褒める。誤答は即座に直し，「ときかたハカセ」に立ち戻って，短く誤答理由を説明する。

5 類題を解く　→「ときかたハカセ」を使って自力で類題を解く

・時間を予め示し，ノートに書かせる。
・教科書にさらなるヒントがある場合は，全体で確認しておくのがよい。
・子供の実態に応じ，例題との違いを全体で確認する。
・類題がない場合は，例題を参考に数字を変えて数問出題する。
・上の〈指示例〉を参考に早くできた子供への指示を出す。
・時間を区切ってフォロー，答えの確認をする。時間があるときは，教師がチェックや○つけをする。
　※代表的な1問に絞るのがこつ。

6 練習問題を解く　→「ときかたハカセ」を見ないで自力で問題を解く

・「類題を解く」と同様に，問題を解く時間を十分確保し指導する。

7 ドリルの問題を解く　→計算ドリル，補充問題，テスト類題を解く

・時間のある限り，子供の実態に応じ解かせる。
・教科書には登場しないが，テストに出るやや難度の高い問題は，**予め検討**し単元のどこかで必ず類題を出し，一度は解かせておく。

(秦)

6　「ときかたハカセ」を設定する

1　45分で完結する授業をつくる

　45分（小学校）で完結する授業にする。

　大きなねらいにしていることである。

　なぜ，完結する授業にするのか。

　学力が，定着するためである。今，算数授業の多くが，「学力定着不足授業」に陥っている。1問の例題の解き方に多くの時間をさいて，いつも練習問題が宿題にされる。そういう授業が多すぎる。だから，学力が定着しないで，算数嫌いの子供が数多く生み出されている。

　教科書の構造である「例題—類題—練習問題」を，きちんと1時間（45分）で完結できるように授業を組み立てる。その組み立てにおいて，重要なポイントを握るのは何だろうか。

2　「インプット」を「アウトプット」につなげる

　授業は「インプット」と「アウトプット」によって成り立つものとして私たちは考えている。45分を完結させていくには，この「インプット」を「アウトプット」にいかにつなげていけるかが大きなポイントになる。

　算数では，この「インプット」部分が例題指導であり，「アウトプット」部分が類題・練習問題になる。だから，例題指導を，類題・練習問題につなげていくには何が必要なのか，問われてくるはずである。

　この「例題指導」で例題の「解き方」を子供たちとまとめる。そして，その「解き方」を活用して「類題」を解いてみる。最後に，子供たちが自力で練習問題に挑戦してできるようにする。これが1時間の完結である（実際には，さらに練習ドリル・スキルで徹底した詰めが必要）。

3　「ときかたハカセ」とは？

　さて，「例題指導」で例題の「解き方」をまとめると書いた。

　この「解き方」は類題・練習問題を解けるものでなければならない。ここが曖昧だと，子供たちが「できた！」という自力で解決する状態をつくれな

い。

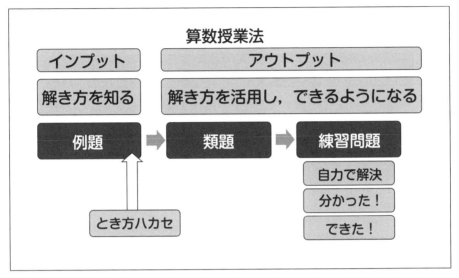

　私たちは、この「解き方」を「ときかたハカセ」として設定している。
　「インプット」を「アウトプット」につなげていくのは、この「ときかたハカセ」が必要である。
　では、この「ときかたハカセ」は、どうやって作るのか。
　すぐに作れるのか。
　教科書に書いてあるのか……など。
　これらについては、p.44で詳しく書いていくことにする。ここでは基本的な考えをまとめておこう。

「ときかたハカセ」とは？
① 例題指導から類題・練習問題へつなげていくキーワード。
② 例題指導の最後に確認する。
③ 類題・練習問題を解くための手順、方法などである。

（野中）

第1章

2 授業の準備をする

1 指導メモを準備する

　勤務時間内で授業を準備する1時間を確保することがむずかしい状況下にあって，学力向上につながる日常授業とするために，効率よく「授業準備」をする必要がある。そこで，本研究会では，2種類の「指導メモ」を用意した。

　1つ目は，単元全体を見通すことを目的として，Microsoft Excel で作成したシートに必要事項を入力していく。手順は，次の4つである。

1 教科書会社の年間指導計画を見る

　どの時期にどの程度の時数で行えばいいのか，本単元に関わる既習事項は何か，本単元の先にどうつながるのかなどの情報を得る。

2 単元目標を確認する

　単元全体の課題は何かを明確にする。

3 本時の目標を確認する

　単元がどのように配列されているのか，各時間で何を身につけさせればいいのかを明確にする。

「味噌汁・ご飯」授業　算数科指導メモ		
単元名	指導者	時数
時こくと時間のもとめ方を考えよう		(4)
		チェック
1 教科書会社の年間指導計画を見る		□
2 単元目標を確認する		□
秒について知り，時刻や時間のもとめ方を理解し，日常生活で用いることができるようにする。		
3 本時の目標を確認する		□
1時　ある時刻から一定時間後の時刻や，2つの時刻の間の時間を求めることができる。		
2時　ある時刻から一定時間後の時刻や，時間と時間の和を求めることができる。		
3時　時間を表す単位「秒」について知り，分と秒の単位関係を理解する。		
4時　学習内容の定着を確認し，理解を確実にする。		
5時		
6時		
7時		
8時		
4 単元テストの分析をする		□

4 単元テストの分析をする

　単元テストに出てくる問題はどの時間の学習と関わっているかを確認する（詳細は，p.58を参照）。

２つ目は，毎時の課題を明確にすることを目的として，印刷したプリントにメモ書きをしていく。

　単元名，時数，単元目標，本時目標は，１つ目のシートで入力したものが反映されるようになっている。メモする内容は最大７つ。

単元名	時こくと時間のもとめ方を考えよう		時数（４）時間	
単元目標	秒について知り，時刻や時間のもとめ方を理解し，日常生活で用いることができるようにする。			
	本時目標	前時の復習	ときかたハカセ	類題 ④
1	ある時刻から一定時間後の時刻や，２つの時刻の間の時間を求めることができる。	①	③	練習問題 ⑤
		学習課題		計算スキル ⑥
		②		テスト関連 ⑦
	本時目標	前時の復習	ときかたハカセ	類題
	ある時刻から一			

① **前時の復習**…前時の定着を確認するための問題を選んでおく。
② **（本時の）学習課題**
③ **ときかたハカセ**…どのような提示をするかを明確にしておく。
④ **類題**
⑤ **練習問題**
⑥ **計算スキル**…ここには，ページや問題番号を書く。
⑦ **テスト関連**…１つ目のシートの「４　単元テストの分析をする」で検討したことを書く。

　記録として残しておくためには１枚にまとまっている方がいいが，日常性の追求という視点から，時間短縮する工夫ができる。「③　ときかたハカセ」は，メモをする代わりに，画用紙に直接書き込んで作成してしまう。④⑤⑥は，個人で自由に使える教科書やドリルがあるのであれば，直接書き込んでしまう。

（津久井）

〈参考〉東京書籍『新編　新しい算数』年間指導計画作成資料３年

2　指導メモを作る

　私たちの研究会では，次のような授業準備法を考えている。一連の流れの中で検討したことを「指導メモ」に書き込んでいき，まとめていく。

1　1単元の授業準備
　まずは，1単元の授業準備である。流れは次のようになる。

---
① 　単元目標の確認
② 　本時目標の確認
③ 　単元テストの分析

　「指導メモ」に，単元目標を入力。この単元で指導すべき目標を確認する。続けて，本時目標を入力。1時間ごとの目標を確認していく。
　ここまでは，教科書会社の年間指導計画や指導書などを参考に，サッと入力作業を行う。
　ここで「指導メモ」をプリントアウトし，実際に教科書にあたってみる。
　単元全体の流れをざっと確認していく。
　まずは例題（東京書籍の場合，□の問題。以下同様）を確認。あわせて，類題（☆の問題がこれにあたる場合が多い）を確認。
　「ときかたハカセ」となる内容（赤や黄緑の枠囲みなど）を確認し，練習問題（△の問題）が，解けるかを確認。あわせて，実際の授業をイメージしながら，計算ドリルやプリントなど，教科書以外の練習問題についてもどの程度授業で扱うかを考える。
　ここまでの流れの中で，確認や検討した内容を，先ほどプリントアウトした「指導メモ」に書き込んでいく。パソコンに入力する方がしっくりくる方はそれでもいいが，とにかくドンドン書き込んでいく。ここまで作業が進むと，単元の指導過程がかなりスッキリと見えてくるはずである。
　次に単元テストの分析を行う。「指導メモ」の「テスト関連」のところを

使い，記入していく（詳しくは p.58 を参照）。

2 1時間の授業準備

次に，1時間の授業準備。流れは次のようになる。

---
① 本時目標の確認
② 学習課題の確認（前時との比較）
③ 「ときかたハカセ」の言語化
④ 指導の流れの確認

まずは，1単元の授業準備で作った「指導メモ」を取り出す。本時目標は，すでにそこに記入されているので，確認。

次に教科書を開き，学習課題の確認。前時との「つながり」や「ちがい」についても把握しておく。

そして「ときかたハカセ」を言語化していく。ここが，1時間の授業準備のポイントとなる（詳しくは，次ページを参照）。

「ときかたハカセ」を「指導メモ」に記入し，指導の流れを確認する。インプットである例題指導の流れ，アウトプットである類題・練習問題を確認する。

練習問題については，計算ドリルやプリントの問題番号も，「指導メモ」に書き込んでいく。必要であれば，どこを宿題として設定するかも，あわせて検討する。

これで「指導メモ」の完成である。「指導メモ」は「メモ」なので，美しくなくてかまわない。自分が分かるように出来上がればよい。

（尾上）

3 「ときかたハカセ」を作る 「ときかたハカセ」の種類と使い方

1 「ときかたハカセ」の種類

「ときかたハカセ」は，例題指導でのまとめである。このまとめが，次の類題や練習問題を解いていくマニュアルになる。

この「ときかたハカセ」の種類は，だいたい3つのタイプに分かれる。

●A型（教科書そのままを使う）

教科書の例題指導の中に書かれているものをそのまま使えばいい。ほとんどがこれになる（文章は簡単に言いきりの形にする）。

例 「ときかたハカセ」

いくつかの数量を，
等しい大きさになるように
ならしたものを**平均**という。

　　合計÷個数＝平均

『新編　新しい算数　5下』東京書籍　p.4参照

●B型（言葉の式＋数式）

教科書の中の言葉の式に，数式を付け加えたもの。数式を付け加えるのは，練習問題を解くためには，どうしてもはずせないからである。

例 「ときかたハカセ」

0.01 = 1%	0.15 = 15%	1 = 100%
↓	1.17 = 117%	0.102 = 10.2%
百分率	80% = 0.8	12.5% = 0.125
	130% = 1.3	0.5% = 0.005

『新編　新しい算数　5下』東京書籍　p.58, 59参照

●C型（新しく作成する）

教科書の中には書かれていないので，特別に作成しなければならない。

その場合，練習問題を解くためにはどうしたらいいかと考えたらいい。

下に挙げたものは，数ある練習問題の中で，解き方がむずかしい7番を特に「ときかたハカセ」にしたものである。

例 「ときかたハカセ」

大きさくらべ
① 千のくらいでくらべる。
② 百のくらいでくらべる。
③ 十のくらいでくらべる。
④ 一のくらいでくらべる。

『新編 新しい算数 2下』東京書籍 p.57参照

---

2 「ときかたハカセ」の使い方

「ときかたハカセ」はどのようにして使うのか。

まず，例題指導の最後に，まとめとして画用紙に書き出す。子供たちにはノートに写させる（ただし，低学年は書写をする時間がかかるので，写させない場合もある）。

この「ときかたハカセ」は，何度も言わせ，覚えさせるほどに使っていくようにしたい。

例えば，「復習タイム」（5分）の最初に，1分ほど時間をとって何度も言わせて覚えさせる。昨日の勉強を思い出させるためである。そして，昨日の練習問題（数字を変えている）を，その「ときかたハカセ」に従って解かせるのである。そこから本時に入っていく。

「ときかたハカセ」には，様々な使い方がある。

肝心なことは，覚えるぐらいに何度も言わせること。問題の解き方を頭に染み込ませる必要があるためである。

この積み重ねが，「算数好き」を生み出す中心テーマになると，私たちは考えている。

(野中)

4 「ときかたハカセ」A型（教科書そのままを使う）の作り方

●3年　単元「はしたの大きさの表し方を考えよう」（東京書籍）　9時間目

1 教科書の流れを確認する

　本時では，小数の筆算のしかたを学習する。子供たちは前時までに，「0.5＋0.3」「0.8－0.3」などの計算を学習している。また「1.4－0.6」の計算を，0.1をもとにすることで「14－6」と同じような考え方で計算できることも学習している。

　小数の加法・減法の筆算では，位をそろえて書くことが，とにかく大切。最初に学習する3年生で，確実に身につけさせたい。

① 本時の目標の確認

　「小数第一位までの小数の加減法の筆算のしかたを理解し，計算することができる。」

　0.1をもとにして考えれば，計算のしかたは，2けたの整数の加法・減法と同じである。位をそろえて書くこと，答えの小数点をうつこと，そして，小数ゆえの注意点を，きちんと押さえたい。

② 教科書で，本時の範囲を確認

　教科書会社の指導計画では，教科書のp.12を1時間で扱うことになっている。

　□の5の内容は，小数の筆算の基本である。そして，□の6の内容，①「答えの小数第一位が0の場合は，0を書かない」，②「答えの一の位が0の場合には，0を書く」，③「5は5.0と考えて計算すると，考えやすい」は，注意を要する部分でもあるので，一つずつ取り上げていく。

2 「ときかたハカセ」を設定する

① 例題を確認する

　□の5「2.5＋1.8の筆算のしかたを考えましょう。」

❷「ときかたハカセ」の決定

　本時の「ときかたハカセ」となる内容は，そのままズバリ，教科書に枠囲みで示されている。これをそのまま「ときかたハカセ」として設定する。

---

①　位をそろえて書く。	2.5
②　整数のたし算と同じように計算する。	＋1.8
③　上の小数点にそろえて，答えの小数点をうつ。	4.3

『新編　新しい算数　3下』東京書籍　p.12参照

---

❸ 指導の流れを把握する

・例題を何度か読んだ後，「かおり」と「しんじ」の吹き出しも確認。
・「ときかたハカセ」をノートに書き，追い読み，一人読み，全員読みなどで，何回も声に出して読む。
・類題となる☆の1は，減法。「ときかたハカセ」を一つずつ確認しながら，ノートに書いていく。
・△の3が練習問題。「ときかたハカセ」を見ながら計算するよう指示。「位をそろえて書いていますか」，「答えの小数点を書いていますか」と声をかける。
・□の6は，小数の筆算の注意点となる内容である。「ひろき」の吹き出しを確認しながら，一つずつノートに書いていく。☆の2で，位をそろえて書くことを，再度確認。
・△の4，練習問題に取り組む。
・計算ドリルの対応するページに取り組む。

　本時の「ときかたハカセ」は，小数の筆算の基本となる内容なので，画用紙に書いて，いつでも提示できるようにしておく。次時の最初には，声に出して読む。また「力をつける問題」に取り組むときや，テストの前にも，この「ときかたハカセ」が登場することになる。

(尾上)

5 「ときかたハカセ」B型（言葉の式＋数式）の作り方

●5年　単元「比べ方を考えよう⑵」（東京書籍）1，2時間目

1 教科書の流れを把握する

① 本時の目標を確認し，「学習課題」を設定する

　目標：「割合の意味を理解し，比較量と基準量から割合を求めることができる。」

　割合単元の導入にあたる本時では，まず「割合とは何か？」理解し，実際に比較量÷基準量で求められるようにすることが目標となる。「学習課題」は，教科書のp.55の旗印を活用。「どのように比べればよいか考えよう。」

② 教科書で本時の範囲を確認し，指導の流れを把握する

- p.54からp.57までの範囲。2時間で指導する。
- p.54の導入を流さない。教科書通り，「どの試合が，シュートがいちばんよく成功したといえるか」近くの人と話し合う活動を入れる。
- 例題の問題を確認する。

	○:入った　●:入らなかった	入った数	シュートした数
1試合め	●○○●○○●○		
2試合め	○●○○●●●●○		
3試合め	●○○●○○○○○		
4試合め	○●●○●○○○○○		

「上のあきさんの4試合のうち，シュートがいちばんよく成功したといえるのは何試合めですか。」

『新編　新しい算数　5下』東京書籍　p.55参照

- 類題・練習問題を確認。p.57，△の1の問題になる。演習量を増やすため，ドリル1ページもあわせて実施するようにする。
- 吹き出しの「しんじ」「ゆみ」の言葉，☆1～6の問題を確認する。

2 「ときかたハカセ」を設定する

○本時のまとめは，p.57に囲みで簡潔に示されている。

> 割合は，次の式で求められます。
> 　　　　割合＝比べられる量÷もとにする量
>
> 　　　　　　　　　『新編　新しい算数　5下』東京書籍　p.57参照

○このまとめを覚えれば，類題・練習問題やドリルが解けるだろうか。

> 　おそらく，低学力児には厳しいのではないか…
> 　「ときかたハカセ」から，本時学習を思い出せない。結果として，新しい問題を見たとき，どれが「比べられる量」「もとにする量」か判定できない事態が想定される。それでは時間をかけて"シュート問題"に取り組んだ意味がなくなってしまう。

○そこで，「ときかたハカセ」は次のように設定する。

例　「ときかたハカセ」
　　　　　比べられる量÷もとにする量＝割合
　　　　　　　　8回÷10回＝0.8
　　　　　　　　9回÷12回＝0.75

　割合を求める問題で子供たちが実際に立てる式は，「比べられる量÷もとにする量＝割合」という順番になるので，「ときかたハカセ」もそれに対応させる。また，例題の数式を併記することで，"シュート問題"の思い出しが容易になる。単位（回）も書くことでその効果は増す。

　困ったときに「ときかたハカセ」を活用して例題に立ち返り，問題場面を連想することは，記憶の定着に課題のある子供にとって「補助輪」のような役割を果たすことが分かる。

　　　　　　　　　　　　　　　　　　　　　　　　　　　　（佐藤）

6 「ときかたハカセ」C型（新しく作成する）の作り方

●2年　単元「長さをはかろう」（東京書籍）3時間目
1 教科書の流れを把握する
① まず，本時の目標を確認する
　A型であろうと，B型であろうと，C型であろうとはじめにやることは変わらず，本時の目標を確認することから始めていく。本時の目標は，「m，cmの単位を用いて，長さを表すことができる。」

②「学習課題」を考える
　これは教科書にオレンジ色の枠組みで書いてあれば，学習課題をそのまま使う場合も出てくるが，本時は書かれていない。そこで，本時の目標に関連させて考える。次のようになる。
　「長さをmやcmやmmで表そう。」

③ 教科書での，本時の学習活動を確認し，指導の流れを把握する
　●主な学習活動は，「m，cmを用いて，長さを表す。」「棒をつないだ全体の長さを，加法を適用して求める。」「指定された長さについて，適切な単位を選ぶ。」「1m物差しの目盛りを読む練習をする。」の4つである。
　●例題・類題・練習問題を確認する。
　　この3時間目は，例題・類題・練習問題に分かれていない。全部が練習問題と考えられる。2時間目に続いて，3時間目が構成されていると考えた方がいい。ときどき，このような教科書構成になっている場合がある（『新編　新しい算数　2下』東京書籍　p.67参照）。
　●だから，3時間目は，教科書には「ときかたハカセ」は書かれていない。2時間目にすでに「ときかたハカセ」が提示されていて，これを使って3時間目の問題も解いていくことができる。

2「ときかたハカセ」を設定する
○「ときかたハカセ」は，練習問題を解くための手順や方法として考えてい

る。また、それは、単元を通して指導すべき大切な事項にもなっていく。

クラスの実態にもよるがこの３時間目は、２時間目までの「ときかたハカセ」で、△の２，３，４の問題を解くことができる。だから、必要がない。

本時では、△の２の教科書問題を解く。そして補充問題を解かせる。△の３の教科書問題を解く。「先生問題」として補充問題を与えて、解かせる。△の４の教科書問題を解く。補充問題を解く。

さて、△の５の教科書問題である。これは、２時間目の「ときかたハカセ」では解けない。ここは「ときかたハカセ」が必要である。

この問題は簡単な問題だと思われがちだが、クラスの実態によっては子供たちの中には、適切な単位を選べない子供がいるのである。また、１単位量の大きさもつかませたい（『新編　新しい算数　２下』東京書籍　p.67参照）。

そこで、次のように設定する。

例 「ときかたハカセ」

たんいしらべ
① いちばんみじかいものの長さ…mm
　（えんぴつの点）
② つぎにみじかいものの長さ…cm
　（つめの長さ）
③ 長いものの長さ…m
　（りょう手の広さ）

本時では、とりあえず教科書問題を子供たちと解いて、以上のように「ときかたハカセ」を設定する。「先生問題」を与えて練習も加える。

１単位の長さもつかむことができるよう手や指を使って、その長さを示させていく。

(梶原)

第1章

3 授業は分割方式（ユニット法）で行う

1 前半のインプット部分の指導

1 インプットをユニット法で指導しよう

　ユニット法とは，子供が授業に集中できるように1時間の授業を分割して行う方法である。インプット部分のユニット法はこのようになる。

○前時の復習（5分）
○例題指導（15分～20分）

　前時の復習は，「ときかたハカセ」を確認したり，間違いの多かった練習問題を数問やったり，5分で要点だけを簡潔に終える。

2 例題指導でインプット！「ときかたハカセ」を教える

　算数の教科書は流れが定型化されている。だれもが指導できるように，分かりやすくパターン化されている。このパターンを知り，どの単元でもすぐに指導できる力を身につけることが大事である。

　学校現場は授業だけではなく，児童指導や諸会議，保護者対応などでとてつもなく忙しくなっている。すべての仕事にコツがあり，押さえておくべきことがある。コツを押さえておかないと，日常に流され，全く教材研究ができないということになる。

　私たちの仕事の本質は子供の力を伸ばすことである。そこに私たち教師は最大限の力を割くようにしたい。それが，日々の授業を充実させるための第一歩となる。算数教科書はすべての会社，すべての単元において以下のようになっている。

例題→類題→練習問題

これが算数教科書の定型である。授業のインプット部分は，例題指導になる。この例題指導で，解法である「ときかたハカセ」を教える。学んだ「ときかたハカセ」を類題で確認しながら解き，練習問題を自分で考えて消化する。この流れで定着させていく。とはいえ，その「ときかたハカセ」をどのように作り，指導すべきなのかが頭を悩ませるところである。

　しかし，これは極めて簡単である。どの教科書でも囲みをしたり，色を変えたりして，重要で定着させるべきことを強調してあるからである。これを「ときかたハカセ」としてそのまま使えばよい。詳しくは，p.44を参照してほしい。

3 「ときかたハカセ」の定着方法はシンプルに2つ

　定着のさせ方もとてもシンプルである。日常授業であるから，無理をする必要は全くない。基本の定着の方法として，2つある。

1．くり返し音読をさせる。
2．八つ切り画用紙で教室に掲示する。

　音読は，パターンを変え，テンポ良く何度もするのがコツである。同じ調子で，だらだら読んでも定着しない。ここではスピードとテンポ良い音読が大事である。音読のパターンは野中先生の著作を参考にしていただきたい。

　八つ切り画用紙での掲示は，サイズがちょうど良いからである。このサイズに収まらない場合は，どこか覚えにくい，長すぎる「ときかたハカセ」である可能性を疑ってみていい。例外として，式の解き方そのものが「ときかたハカセ」であると，八つ切り画用紙に書ききれない場合もある。

　画用紙で掲示すると，授業が進んでもすぐにふり返って確認ができる。

（清水）

2　後半のアウトプット部分の指導

1 アウトプットのユニット法はこれだ！

アウトプットでもユニット法を使う。

○類題（5分）
○練習問題（5分～10分）
○計算ドリル（5分）

例題でインプットした内容を「類題→練習問題→ドリル」とステップアップさせながら定着を図る。

2 類題で「ときかたハカセ」が定着しているかどうかの確認をしよう！

例題で「ときかたハカセ」の指導ができたら，類題に進む。類題は助走の問題と言ってよい。この類題指導には2つのポイントがある。

1．類題は，例題と似通った問題なので，「ときかたハカセ」を見ながら解くことを教える。
2．全員の子供にノートを持ってこさせて○をつけるか，教師が机間指導しながら○をつけるか，確認をする。

例題の数字だけを変えて，類題にしている問題もある。例題を見ながらやれば類題も解けることになる。いずれにしても，例題は類題や練習問題を解かせるためにあるので活用する。

次に大事なポイントは子供たち全員ができているかどうかの確認である。ノートを持ってこさせたり，机間指導で○つけをしたりするのはそういう意味がある。

私たち教師は，「発問」「指示」「説明」という3つの指導言で授業を構成している。「類題を解きなさい」というのは指示である。この指示が全員に

伝わっているかどうかの確認が大事である。

　子供たちが集団として育ってくれば，隣同士で確認したり，班で確認したりすることも可能である。その場合でも正しく○がついているかどうかの確認は必ず教師がすることである。

3 アウトプットの山場，練習問題・ドリルの指導のしかた

　いよいよ練習問題とドリルである。例題や類題に比べると最も問題数が多い。従って，練習問題とドリルに一番時間を割くような授業構成をしたい。自力解決の場面であり，定着しているかどうかが一番はっきりする。

　子供たち一人一人が自分の力で問題に立ち向かい，解くことができるようにしたい。答え合わせも自分でできることが望ましい。ただ，ここでも必ず最後にノートチェックを教師がするようにすべきである。この確認の指導を入れないと，たちまち何もやらない，何もやれない子供たちが増える。インプットとアウトプットを図でまとめておく。

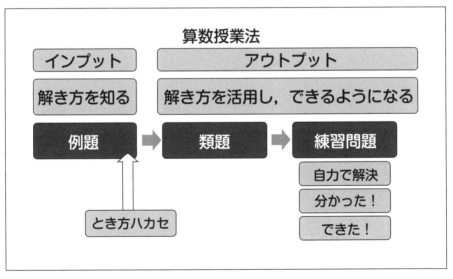

（清水）

第1章
4 テスト平均80点〜90点を目指す

1 授業を始める前に準備すること

1 1単元の授業準備
　私たちは，1単元の授業準備をすることをとても大切なこととして考えている。

　次のように進める。
① 指導メモを準備する
② 指導メモを作っていく
　この内容については，pp.40〜43で明らかにしている。
③ 単元テスト（業者テスト）を検討する
　単元テストに出てくる問題について，教科書のどの時間に扱うか確認する。つまずきそうな問題，むずかしい問題については，対応を検討する。業者テストでは，得てして，授業で教えていないことが突然問題として出題されていることがよくある。

　今までは，この単元テストの分析をしないままに授業に入り，授業が終わってから，テストの内容を確認しないままにテストをやらせていたという事例が多かったと思われる。

　これでは，「目標―評価」の一体化が図られない。「教えたこと」が評価（テスト）されるという原則が守られていないことになる。

　詳しくは，p.58を参照してほしい。
④ 1時間ごとの「ときかたハカセ」をまとめる
　これについては，1単元の授業準備のところではなく，1時間ごとの授業準備で扱う。p.60を参照してほしい。

2 単元テストを分析するということ
　テストで「平均80点〜90点を目指す」というのは，業者テストが目指して

いる標準の平均点を目指すということになる。

　低学力児が多いクラスにおいては、大変レベルが高い目標になる。なかなか到達できないレベルである。

　しかし、この目標を目指していると、どんなに低いレベルのクラスでも、2学期頃には、到達できる段階が来る。私たち「味噌汁・ご飯」授業研究会のメンバーのクラスで実証済みのことである。

　中には、学期はじめに低学力児が何人もいたのに、2学期には、その低学力児（10点、20点、30点をとっていた）が、いつのまにか60点、70点、80点に上げてくるクラスが出てくる。実際に私たちの研究会ではそのようになっている。

　また、平均90点以上をずっと続けていくクラスも出てくる。低学力児を変えていく。見違えるように勉強するようになる。そんな子供たちも出てくる。そのことがどんなに感動するできごとであるか、お分かりいただけると思う。

「味噌汁・ご飯」授業としての「日常授業」

　このことを積み重ねるから成り立つのである。

　そのためには、事前の「単元テスト分析」が大きな役割を占めていることになる。このことなくして、このような「事実」を作り上げることはできない。業者テストは、テストの平均を80点や85点に揃えるために、必ず子供たちが間違う問題（私たちは「ひっかけ問題」と呼ぶ）を入れている。そこにまんまとひっかかるのである。

　ここを私たちがマークしなければ、テストの平均を上げることはできない。

　では、具体的にどうするのか。p.58、p.59を参考にしてほしい。

（野中）

2　単元テストの分析

　「味噌汁・ご飯」授業研究会では,「学力＝単元テストの点数」ととらえている。従って,単元テストを分析することは,「味噌汁・ご飯」授業づくりの中で重要な位置を占める。単元導入前に行う単元テスト分析の流れは,次の通りである。

> ア．単元テストを自力で解いてみる。
> イ．単元テストの各問題が,教科書の,どのページで扱われているかを確かめ,何時目にどの問題を指導するかを明らかにする。
> ウ．いわゆる「ひっかけ問題」が,どのページにあるか,あるいは載っていないのかを確認する。

　次に,2年生,東京書籍「かけ算(2)　12　九九をつくろう」の単元テストを例に,具体的に述べる。

ア．回答し,○つけをする。
イ．表面　1（技能）　2～6（思考）
　1　①⑦　→　p.30（第2時）
　　　②⑥　→　p.32（第5時）
　　　③⑩　→　p.34（第8時）
　　　④⑨　→　p.36（第10時）
　　　⑤⑧　→　p.37（第11時）
　2　p.30（第3時）
　3　p.32（第6時）
　4　p.36（第10時）
　5　p.34（第8時）
　6　p.32（第6時）と p.48（第16時）

裏面 （知識）
- ①　①　→　p.29（第１時）
- 　　②　→　p.35（第９時）
- ②　①　→　p.32（第５時）
- 　　②　→　p.34（第８時）
- 　　③　→　p.36（第10時）

ウ．このテストでは，表面の⑥が「ひっかけ問題」である。

> 長いすが８つあります。１つの長いすに７人ずつすわります。みんなで何人すわれますか。

この問題は，かけ算の基本的な考え方である「１つ分の数×いくつ分＝ぜんぶの数」のうち，「いくつ分」に当たる「８つ」が先に，「１つ分の数」に当たる「７人」が後にきている。従って，算数の苦手な子の多くが，正解の「７×８」ではなく，「８×７」と，立式してしまうことが考えられる。その対策として，

> ・教科書 p.48で出てくる前に，かけ算すべての段において，先生問題として，問題文で「いくつ分」が「１つ分の数」より先に出てくる問題を解かせる。
> ・「１つ分の数」の多岐にわたる表現を，模造紙にまとめて掲示する。

という手立てを考え，実際に指導することができた。

このおかげで，本学級30名の本単元テストの平均点は，50点満点で，思考46.2点（92.4％），技能48.5点（97％），知識46.3点（92.6％）と，３領域とも90％を超えることができたのである。

（岩崎）

〈引用〉「絶対評価　算数　２年㋾後期　Ａ期末あり」2016年度　正進社

3　10分間授業準備法

1 授業「準備」をしよう

「1日6時間ある授業のうち，全部をしっかり準備するのは無理だけれど，1時間ぐらいはしっかり準備をするように」

若手教師は先輩からこうした言葉を聞くことが多くないだろうか。

行事の準備や事務作業は締め切りのある仕事である。こうしたことに追われると，準備のないまま自転車操業の授業（その日暮らし授業）になってしまいがちである。冒頭の言葉は，6時間ほとんどが教科書をなぞるだけの退屈な授業になってしまうことを危惧しているのだろう。

「日々の授業を大切にしよう」

というのが「味噌汁・ご飯」授業研究会のシンプルな提案である。日常の中で可能な範囲で，子供にとって「栄養価（学力がつく）」がある，毎時間の授業準備方法を考えたい。

教材「研究」などとは呼ばない。授業「準備」とする。

指導事項を明確にし，逆算して授業の準備をする。勤務時間の中で6時間の授業の準備をするのにかけられる時間は，1教科10分あればいい方だろう。その中で，子供に力をつけられるようにするにはどうしたらいいか。これを「10分間授業準備法」と名づけた。

2 何ができるようになるのかをはっきりさせよう

「この時間で（子供は）何ができるようになればいいのか。」

こうした目で教科書を読んでみよう。思考の流れに沿って，一つ一つの数値や考え方の例示が丁寧に考えられていることが分かる。
○なぜ，今日の授業でこの数値が出てきているのか。（前時との比較）
○なぜ，この順番で考えた方の例示が出てきているのか。（時には取捨選択）
　赤刷りの教科書を読んでしまうと読み飛ばしてしまいがちなことを，しっかり見つけたい。複数回読みたい。その上で，クラスの子供たちのことをイメージする。つまずきやすい子供のことを考える。
　「何ができればいいのか」。これを，研究会では，『ときかたハカセ』と呼んでいる。45分のゴールをハッキリさせることが最も大切だ。

3 10分間授業準備法の実際

> ※単元に入る前に，指導書の確認とテスト分析を行うことを前提とする。
> 　（全体の見通しを持つようにする）
> 1)「ときかたハカセ」を確認し，指導メモに記入する　6分
> ⇒（本時の指導事項を確認し，画用紙等に書いておく。）
> 2) 教科書を複数回読み，見通しを持つ　4分
> ⇒子供が目にするものを同じ目線で何度も読む。思考の流れをイメージする。その日の学習内容，指導事項を授業者自身が見つけられるようにする。

　最初は，なかなかこの時間で終えることはむずかしい。でも，習熟すればうまくいくようになる。70点の授業でいいのだ。
　算数は毎日ある。余裕があるときだけじっくり「研究」するのではなく，たった10分でも子供に伝えられること，考えさせることをしっかり「準備」することができるよう，日々を大切にしていきたい。

（上澤）

4 テストの見直し法

1 テスト見直しの重要性

　子供たちには，繰り返しテストを見直すことの重要性を話した。テスト答案には，その人の人柄や生き方が見事に表れるものであることを教えた。慎重さ・丁寧さ・相手（採点者）の立場に立つことの重要さを伝え，ウサギと亀のたとえ話から，急がなくても確実であればよいことを指導した。以下，子供たちにどのような声かけをしたか例示する。

〈テストの見直し法　声かけ例〉　6年

① 　組・番号・氏名をしっかり記名しなさい。
　　先生が解読できる，はっきりくっきりとした字で書きなさい。
　　誤字脱字は消しゴムの角を使ってしっかり消しなさい。
　　良く削った鉛筆を用意しておきなさい。

② 　テスト用紙の表裏にざっと目を通し，45分の時間配分をしなさい。見直しは，ラスト5分で5回を目安に行いなさい（電子タイマーや時計を提示）。

③ 　テストの解答は，自分が解きやすいところから書いてもよいです。順番にこだわらなくてもよいです。

④ 　下線，イラスト，図などを消さずに必ず残しながらやると，ミスが減り，見直しするときも自分で分かりやすいです。

⑤　見直しは，指でたどりながらします。同時に心の中で文章を読みながら行いなさい。
　　どうしても音声で発声したくなったり，発声しないと訳が分からなくなったりする場合は，口パクで唇は動かしてもよいです。

⑥　自分が先生になったつもりで，鉛筆で薄く○をつけ，予想点をつけコメントを書き入れなさい。

⑦　先生に提出するときは，テスト用紙の向きを考えて渡し，そっとやさしく言葉を添えましょう（「できました！」等）。

2 見直し法の習慣化

　私は，今まで「見直しなさい」という言葉をよくかけてきたが，具体的な見直し法を教えていなかったことに気づいた。例示した見直し法を初めて取り入れるときは，書画カメラなどを使用してデモンストレーションをした。
　小学校では，問題演習の絶対量が少ない実践をしばしば見かける。今回私は普段のプリント問題・教科書問題に加え，自作プレテストを数種類作成し，問題を解くことはもちろん，見直し法にも慣れる機会を増やした。
　また，テスト時以外も宿題プリント等を使用した際には，常に見直しをさせるようにし，習慣化するよう促した。

（武内）

第1章

5 低学力児への対応を提起する

1 「できる」から「分かる」へ

❶ 教師の責任！

　クラスには必ず低学力児が何人かいる。中学年，高学年になっても，繰り上がり，繰り下がりの計算やかけ算九九ができない。本をすらすら読めない。

　繰り上がり，繰り下がりの計算（1年生で習得），かけ算九九（2年生で習得）などができないというのは，学校教育の責任である。よほどの事情を持った子供たち以外にこれらのことを習得させることは，教師の責任になる。

　首根っこをつかまえてでも，習得させなくてはならない。低学年教師の必須の課題。そして，中学年以上の教師でも，1年間の中で，きちんと習得させなくてはならない課題。

　「味噌汁・ご飯」授業では，このことに挑戦している。

❷ 「考え方」を変える

　挑戦の方法を今までと変えなければならない。

　習得させる**「考え方」**を変えるのである。

　私たちは，今まで指導の方法として「分かる」という指導を優先してきた。教科書も，そのような指導体系をとっている。まず，子供たちに分からせてから，練習させ，習熟させる方法をとっている。

　私たちの発想には，「基礎が大切。基礎から順に理解しつつ先に進んでいかなければならない。分からなかったら基礎に戻れ」という考えが染みついている。だから，繰り上がり，繰り下がりの計算ができなければ，1年生の勉強に戻って，そこから再びやり直すというやり方をする。でも，時間がない。仕方なく授業中の学習とは違った，その基礎のプリント学習をさせるなどの手立てをとる場合が出てくる。うまくいかない。中途半端になる。

　これでは，ダメである。

3 パラシュート勉強法

　私たちは，経済学者として有名な野口悠紀雄先生の『超勉強法』(講談社)にとても刺激を受けた。野口先生は，その著の中で，次のような指摘をされている。まとめていうと以下のようになる。

> 1．勉強ができないのは，能力が低いからではなく，勉強のやり方に問題があるからだ。
> 2．多くの人に適用可能な「適切な勉強法」が存在する。
> 3．適切な方法を用いると，勉強の成果は顕著にあがる。
> 4．試験の点数を引きあげることだけが目的なら，かなり容易にできる。

そして，次のように書かれている。(『「超」勉強法』より)

> 　普通は，「いまのところがわからないのは，その前がわからないからだ。だから，そこまで戻って基礎からやり直そう」と考えるだろう。これは「低山徘徊トレーニング」というよりは，「麓まで逆行トレーニング」である。
> 　しかし，私が家庭教師なら，そうはしない。それまでのところは当面無視して，現在の項目について，教科書に出ている例題だけを丁寧に教え，繰り返して解いて，覚えさせる。つまり，現在の地点にパラシュート降下させる。教科書の例題は数が少ないので，それほど時間はかからない。基礎知識がなくても，解き方のコツをうまく教えてやれば，十分解けるようになる。

　「味噌汁・ご飯」授業も，この方法をとっている。つまり，「できる」状態を数多く積み重ねて，そして「分かる」へ持っていくのである。
　今までの考え方を大きく転換して，「パラシュート勉強法」を実践する。

(野中)

2 授業ではどのような指導をするか

1 個に応じた教育が叫ばれている

　教育現場は，個に応じた教育がますます必要になっている。特に小学校は高校や大学と違い，同程度の学力や似たような家庭環境の集団を扱うのではなく，多様な子供たちを同時に，同じ場所で教えている。

　だから，対策をせずにそのまま教えるということは小学校ではそぐわない。一人一人に応じた課題にして提示をしないと，たちまち教室を飛び出したり，はたまた授業中に寝たりということになる。

2 個に応じるとは，特別扱いをするということではない

　個に応じるということは決して特別なことをするわけではない。例えば，高学年で九九の定着が不十分だからといって，算数の授業中にかけ算九九のプリントを渡したり，ひき算が苦手だからといって，低学年の教科書を渡したりはしない。

　これは，子供のプライドを大きく傷つけるからである。こちらは善意でやっているのに，子供からも，保護者からも支持されない方法である。では，どのような対応で始めていけばよいのだろうか。

3 シンプルに「なぞる」「うつす」から始まる

　低学年ならば，「うつす」ということでさえむずかしい課題になることがある。この場合は教師が赤鉛筆で書いてやり，「なぞる」ところから始まる。「なぞる」が必要な子供は，今までの授業に参加をしておらず，書くことさえ慣れていないことが多い。

　家庭でも学習習慣がないのだから当然である。根気強く，「なぞる」ところから始め，少しでも書ける字数が増えてくればよい。この後「うつす」ができるようになれば，加速度的に書くスピードが上がってくる。

4 教え合う関係を大事にする

　普段から，学習課題，つまり問題をペアで解いたり，班で解いたりする場面をつくっておく。そこで教え合ったり，助け合ったりするのである。ただ，

教師が指示をして「教え合いなさい」と言ってもやらない。ポイントが2つある。

> 1．席替えを意図的に行う。
> 2．ペア・班で持って来るように指示する。

　学習の習熟度が低い子供同士を隣に座らせることは極力避ける。助け合えないからである。また，班に1人は面倒見の良い，勉強の得意な子が入るようにする。そうしないと，助け合う関係にならないからである。
　そうした上で，

> 「問題○番までできたらペアで持ってらっしゃい」

と指示して○をつける。そうすることで，早くできた子ができていない子を積極的に教えることになる。その上で，教えてあげた子を褒め，教えることは良いことである，という価値観を教室全体に広げていく。

（清水）

3　遅れている子供たちを引き上げる～単語帳引き抜き法～

1　繰り上がり，繰り下がりの指導法
①　四則計算は算数学習の基本である

　当然のことであるが四則計算は算数学習の基本である。基本である計算ができないことには算数学習を進めていくことはできない。計算ができない状態で算数の授業を受けなければならない子供にとっては，毎日の算数の授業は苦痛の時間となってしまうだろう。

　6年間，毎日毎日苦痛の時間を過ごさなければならない子供の気持ちを想像してほしい。そんなつらい思いをさせないために，教師は子供を計算ができるように育てなければならない。全員に四則計算ができるように指導する責任があるのだ。「子供を計算ができないままで次の学年に送らない」という覚悟を持って指導してほしいと思う。

　小学校の算数学習で初めの関門は繰り上がりのあるたし算と繰り下がりのあるひき算になる。徐々に算数に対する苦手意識が芽生えてくる内容だ。ここを乗り切る方法の一つとして「単語帳引き抜き法」を紹介する。

　これは，授業中ではなく，給食の配膳中（10分間）に行う実践である。

②「単語帳引き抜き法」の指導方法
　具体的な方法を示す。

---

①　繰り上がりのたし算テストを行ってできない問題を把握する。
②　できなかった問題を単語帳に記入させる。（表が問題，裏が答え）
③　単語帳を見ながらすらすら言えるように練習させる。
④　すらすら言えるようになったら教師の前で言わせる。連続5回間違わずに言えたら合格にする。
⑤　単語帳から言えるようになったカードを外す（どんどんカードが少なくなっていくことで意欲が出る）。
⑥　最後にもう一度テストを行って全部できたら合格。できなかった問

> 題があったらその問題だけ単語帳に戻して再度練習させる。

　繰り下がりのあるひき算も同様に行う。
　ここに示した方法はあくまでも暗記のための方法だ。計算は「暗記して答えが合っていればそれだけでいい」というわけではないことは念のために確認しておきたい。繰り上がりのあるたし算にしても，繰り下がりのあるひき算にしても「さくらんぼ計算」などを使って「考え方」をしっかり指導しておく必要がある。
　しかし「考え方」と同様に「暗記」することも大切な学習だということも確認しておきたい。学習に必要なのは覚えることだけではないのは当然だ。しかし，学習には覚えることが欠かせないことも事実だ。覚えることによって得た知識は，考える力を支える土台になるものだ。覚えさせることをためらう必要などない。たし算，ひき算の答えが反射的に出てくるようにすることで，子供たちの感じている算数学習への負担感を軽くすることもできるのである。
　要はどちらが大切ということではなく，「考え方」「暗記」のどちらも大切な学習であるということである。

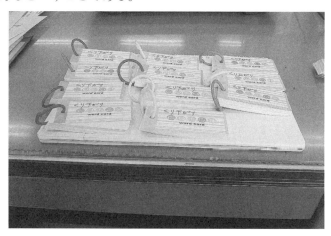

2 かけ算九九の指導法
① 全員に確実にかけ算九九を覚えさせる
　かけ算九九は算数学習に欠かせない知識だ。教師には子供たちをかけ算九九が確実にできるように指導する責任がある。かけ算九九ができないままでいると，いつまでも算数学習で苦しむことになる。かけ算九九は２年生の内容だが，高学年になってもしっかりと定着していない子供がいる。できないままで次の学年に送られていくのだ。そんな状態で次々に新しい内容を学習していかなければならない子供は，算数嫌いになって当然だろう。
　まずは算数が苦手な子供の何がつまずきになっているのかを明確にする必要がある。
　例えば長方形の面積を求める問題が解けなかったとする。必要なのは，できない原因がどこにあるのかを見つけることだ。「長方形の面積を求めることができない子供」という大まかなとらえ方でいては，適切な指導はできない。長方形の面積の求め方が理解できていないのか，かけ算九九ができないから面積を求めることができないのか，という原因をはっきりと区別しないと的外れな指導を繰り返すことになってしまう。かけ算九九ができないから長方形の面積が求められないのならば，九九表を見ながら問題を解くようにすればいい。それとは別にかけ算九九の知識定着の対策をとればいいのだ。
② 単語帳引き抜き法を行う
　ではかけ算九九をどう定着させるのか。繰り上がりのあるたし算，繰り下がりのあるひき算で紹介した単語帳引き抜き法は，かけ算九九でも効果がある指導法である。繰り上がりのあるたし算，繰り下がりのあるひき算のカードをかけ算九九カードに替えただけで，やり方は全く同じである。
③ かけ算九九の練習を毎日の生活の中に組み入れる
　朝の会など，一日の生活のどこかに計算タイムを設定することも考えられる。朝の会にそんな時間はないと考えるかもしれない。ここで何が大切かを考え，思い切って優先するべきことを決断しなければならない。朝の会で歌うことやスピーチをすることよりも，かけ算九九を練習する方が子供にとっ

て必要なことだと考えるなら，迷わず計算タイムを取り入れるべきだろう。

　また，算数の授業の始め5分は計算練習と割り切って組み入れることも考えられる。「授業に5分の計算練習を行う余裕はない」と言われることがある。本当にそうだろうか。計算練習からテンポ良く授業を始めるとそのテンポに乗って授業を進めることができる。計算練習に使った5分くらいはすぐに取り戻すことができる。

　この方法は，かけ算九九が苦手な子供だけが計算練習を行うのではなく，クラスの子供全員でかけ算九九の練習を行うことになる。計算が得意な子供は，計算の速さの向上を求めていくことで意欲を持たせることができる。

　やり方を説明する。

---

① 50問×3列のプリントを配付する（1月は同じ問題プリントを使う）。
② 教師は「始め」の合図を出し，ストップウォッチを始動させる。
③ 50問が終わった子は「はい！」と言って手を挙げる。
④ 教師は素早くタイムを読み上げる。子供はタイムを記録し，次の50問に取りかかる。
⑤ 2分が経過したら「やめ」の合図を出す。
⑥ 子供はタイムと何問まで計算したかを記録する。
⑦ 1列だけ答え合わせをする。

　これらをテンポ良く進めれば5分で終わらせることができる。計算を苦手とする子供が多かった前任校では，学校全体がこの方法で計算練習に取り組んだ。始める前は6年生でもかけ算九九ができない子供が多くいたが，この方法で練習を重ねることにより，全員がかけ算九九を覚えて卒業していった。

（井上）

第2章

実践編
場面別算数科の「味噌汁・ご飯」授業

　「味噌汁・ご飯」授業では，磨き抜かれた実践を提起していない。
　70点の授業で良いと考えている。
　教科書を教えるのである。
　しかし，この指導についてもポイントはある。
　教科書の構造は，例題―類題―練習問題で成り立っている。
　インプット部分の例題指導で，例題の解き方を教え，その解き方を活用して，アウトプット部分の類題・練習問題などができるようにする。この過程を45分で完結するのである。
　どこにポイントがあるのかを読み取っていただきたい。
　また，クラスの低学力児をどのように引き上げていっているのかも読み取っていただきたい。

第2章

1 例題指導法

1 1年 「ひきざんのしかたをかんがえよう」

1 「復習タイム」から「例題指導」へ

既習事項，繰り下がりのないひき算のしかたの確認をする。

3－2は？　4－2は？　5－3は？　13－2は？　14－3は？

テンポよく答えられるようにする。
↓
教科書p.16を用いて学習課題を確認する。
↓
p.17の例題を（範読，起立して5回読む，暗記するまで読む）。
↓
本時の学習課題を板書する。

13－9のけいさんのしかたをかんがえよう。

指示をする。

　算数ブロックを13個だします。13－9の計算をどのようにしたらよいか，ブロックを動かして考えましょう。

ブロックを動かしている子をipadで撮影し，考え方の違いを発表させる。
↓
ブロック操作を何度も繰り返す。

指示をする。

> 18ページの「13－9の けいさんの しかた」というところを指します。みんなで読みましょう。

立ち読み
↓
覚えているかチェックを繰り返す。

2 「ときかたハカセ」を視覚化する

　計算のしかたを理解した上で，「ときかたハカセ」を忘れないよう視覚化する。

　たし算のときには，「でんさくら」という方法を「ときかたハカセ」とした。今回のひき算は，子供たちとネーミングを考え，「ともだちくのじロケット」とした。ネーミングを考え，視覚化することで，親しみがわき，進んでノートに書き，練習問題に取り組んでいた。

3から9はひけないね…困った！　そのときは友だちくの字ロケット発射して，10から9をひこう。のこった1と3で答えは4だね。

（武井）

〈参照〉『新編 あたらしい さんすう 1下』東京書籍

2　4年 「わり算のしかたを考えよう」

1 「復習タイム」から「例題指導」へ

教科書 p.41 の既習事項を確認する。

$$60 \div 3 = 20 \quad \underline{答え\quad 20まい}$$

↓

□の1の例題を音読する（範読，追い読み，全体読み，一人読み）。

↓

ノートに立式する。

↓

本時の学習課題を板書する。

> 72÷3の計算のしかたを考えよう。

> 　41ページの色紙の絵を見て，どのように計算したらよいか，ノートに書きましょう。

ノートを書画カメラでテレビに映して，何名かの考え方を発表させる。

> 　42ページのゆみさんの考え方を確認します（指さし，音読）。
> 　同じように，しんじさんの考え方も確認します。

> 　72÷3は，筆算ですることができます。教科書43ページの「72÷3の筆算のしかた」を指さします。

2 「ときかたハカセ」を動作化する

　各時間に「ときかたハカセ」を画用紙に書いて，その後は教室前方や側面に掲示している。また，その後の授業の冒頭で，復習に用いることも多い。しかし，それらを覚えるのにひと苦労する子が多い。そこで，動作化が可能な「ときかたハカセ」は，どんどん体で覚えるよう指導する。

　十の位の計算で「たてる」「かける」「ひく」「おろす」の手順を，指さし，音読をして確認していく。一の位の計算も同様に行う。

　わり算の筆算は，「たてる」「かける」「ひく」「おろす」を繰り返すのですね。では，覚えましょう。「たてる」「かける」「ひく」「おろす」，サンハイ！

　今度は，「たてる」で立ちます。「たてる」，サンハイ！（子供を立たせる）

　次は，「かける」です。胸の前で腕をクロスして，×記号を作りながら言います。「かける」，サンハイ！

　次は，「ひく」で，綱引きのように引くまねをしながら，「ひく」，サンハイ！

　最後は，「おろす」でイスに腰を下ろします。「おろす」，サンハイ！

　これをテンポや口調を変えて，何度も繰り返す。

「ときかたハカセ」
　わり算の筆算は，大きい位から順に，「たてる」「かける」「ひく」「おろす」をくり返す。

　計算の考え方は，シンプルに教科書を指さし確認→音読という流れで押さえ，例題を解くための方法を，徹底的に動作を交えてインプットするという指導方法である。

(岩崎)

〈参照〉『新編　新しい算数　4上』東京書籍

3　6年 「比例をくわしく調べよう【比例と反比例】」

1 「復習タイム」から「例題指導」へ

まず，教科書の「ふりかえりコーナー」p.253の「三角形や四角形の面積の公式（5年）」の既習事項を確認し，自作問題を解かせる。

底辺×高さ＝平行四辺形の面積
　3×6　＝18　　　　　　答え　18㎠
次に，p.125の既習事項を確認する。
$y=$決まった数$\times x$
そして，本時の学習課題p.126の□の2の例題をペア音読させる。

　高さが5㎝，底辺がいろいろな長さの平行四辺形があります。底辺の長さをx㎝，面積をy㎠として，「決まった数」を求め，比例の関係を表す式を立てよう。※相手に伝わるよう意識して読ませる。

---

x，y，決まった数で比例の式を表す。

---
　p.126，みほの表から，x，y，決まった数5を使って，平行四辺形の面積＝底辺の長さ×高さ　にあてはめて式を立てさせる。

ここで，個人差が大きいため次の3つのタイプ別に指導の手立てを講じた。

❶ 自力解決ができる子供

主として，次ページの❸のタイプの子供へのアドバイザー役になることで，自身の理解を強化するようにした。
・「ときかたハカセ」を全体でまとめるときに，黒板に書く。
・練習問題を解く場面で❸の子供に対してヒントやアドバイスを与える。
　この2つをさせ，最終的には，本人が自力で解けるように促す役目を果たさせるのである。その様子を観察しながら，「分かりやすいまとめ方でいい

ね」「分かりやすい説明だったよ」等フォローの言葉かけをした。

❷ 友達同士で相談し合い取り組めるが，説明が苦手な子供

　まず，説明の方法をスモールステップに分解し教師が手本を示す。その際キーワードになる算数用語を必ず使うように促し，復唱させる。説明する順に，ノートに簡潔にまとめる方法も提示する。説明に慣れてきたら練習問題に進ませ，○つけは友達同士で行わせる。最終チェックは，必ず担任が行い，「がんばったね」スタンプを押しながら言葉かけをする。

❸ 基礎・基本の定着がむずかしい子供

　自力解決ができる❶の子供たちにアドバイスを受けながら最終的には，本人が自力で解けるように励ます。できたら，担任が○つけをして「最後までよくがんばった」と言葉かけをする。指導内容を整理し，授業の流れがイメージしやすくなるように板書する。このことによって，どの段階にある子供にも，スタート（課題）やゴール（まとめ）が同じであることを明確にできる。自力で問題を解く達成感を味わわせる。同時に，教師は即時に子供の定着度を把握する。

2 「ときかたハカセ」を交流する

　説明がうまい❶の子供には自分の考えを表や式，文などで簡潔に黒板に書かせる。自分の考えを表や式，文などで表すことができない❷❸の子供については，友達の説明を聞いたり，黒板を手本にして，ノートにまとめてもよいことを伝える。本時の「ときかたハカセ」は次の2つである。

「ときかたハカセ」

・$y = 5 \times x$

・底辺を x cm，面積を y cm² とすると，面積は底辺の長さに比例する。

　これを相手に分かりやすく説明する方法を取りながら何度も言葉で繰り返す。習熟差を逆に利用し，教え合いを取り入れながら定着度を高める指導方法である。

（武内）

〈参照〉『新編　新しい算数　6　数学へジャンプ！』東京書籍

第2章

2 類題・練習問題・ドリル指導法

1　2年 「1000より大きい数」

■1 「ときかたハカセ」を生かした類題に取り組む

〈1時間目（教科書p.63, p.64）のときかたハカセ〉

二千三百四十五は２３４５と書きます。
２３４５の２は千の位の数字で２０００をあらわします。

「ときかたハカセ」をしっかり，音読させる。これを意識させて類題指導に行く。

〈たしかめ①に取り組む（類題）〉

何まいあるでしょうか。数字で書きましょう。
また，千の位の数字は何ですか。
| 1000 | 1000 | 1000 | | 100 | | 10 | 10 | | | |

(1)　教師が範読する。
(2)　子供たちと一緒に読む。
(3)　一人読みをさせる。
(4)　文の中に問題がいくつあるか確認する。
　　（この時，一斉に指を出させる。正解は２つ）
(5)　「何まいあるでしょうか。数字で書きましょう。」の後ろに①，「また，千の位の数字は何ですか。」の後ろに②　と書かせる。
　　※文と文の間に線を引いてもよい。（視覚的な配慮）

何まいあるでしょうか。数字で書きましょう。①
また，千の位の数字は何ですか。②
| 1000 | 1000 | 1000 | | 100 | | 10 | 10 | | | |
　　　　3こ　　　　　　1こ　　2こ　　　　3こ

(6)　1000, 100, 10, 1のまとまりがいくつあるのかを書き込ませてから問

題を解かせる。
(7) 答え合わせをする。

2 練習問題に取り組む

〈たしかめ2と3に取り組む（練習問題）〉

> 2 つぎの数をよみましょう。
> ①４３２１　②６４２７　③８１３３　④１１９２
>
> 3 １０００を３こと，１００を７こと，１０を７こと，１を６こあわせた数を書きましょう。

(1) 2で「よみましょう。」となっているが，漢数字でしっかり書けるかがポイントなのでここを押さえる。
(2) 電子タイマーで時間を決めて行う。
(3) 全問正解した子たちから，前で丸つけ屋さんをさせる。このとき，空いている机，台などを利用するとよい。教師は，悩んでいる子の支援に回る。
(4) 答え合わせと解き方の確認をする。

3 市販のドリル指導をする

問題をしっかり音読させ，類題指導，練習問題で学習したことを生かすように指導する。悩んでいる子には机間指導を行いこの時間でしっかりと身につけさせたい。

4 インプット活動からアウトプット活動へ

例題指導・「ときかたハカセ」がインプット活動。類題・練習問題・ドリル指導はアウトプット活動の役割をもっている。アウトプット活動は，子供たちが実際に理解したか，学習したことを使えるかを教師・子供共に確認する大切な時間になる。だから，インプット活動に時間がかかりすぎないように気をつけて，十分に時間を確保してほしい。

また，教科書の中には類題指導や練習問題が分かりにくかったり，なかったりすることもある。そのときは，例題や「ときかたハカセ」をもとに教師が作成し，取り組ませる工夫も必要である。

(水谷)

〈引用〉『小学算数２下』教育出版

2　4年 「わり算のしかたを考えよう」

1 ときかたハカセで問題を解く

例題で確認した「ときかたハカセ」を使って問題を解くことによって定着させていく。

例題のときと数が変わったこと以外は，全く同じ方法で問題を解いていくことがポイントになる。解き方を定着させることが目的である。解き方は例題で行った方法をなぞるように同じでなければならない。

「ときかたハカセ」

> わり算の筆算は，大きい位から順に，「たてる」「かける」「ひく」「おろす」をくり返す。

教科書p.43には①〜⑦の練習問題が出ている。

①②の問題は教師と一緒に確認しながら子供に解かせる。

まず，①52÷4を筆算でノートに書かせる。線は定規を使わせ丁寧に書かせることを徹底する。教師も黒板に定規を使って丁寧に筆算を書き，黒板の筆算が子供のノートの筆算の手本となるようにする。

黒板に提示した「ときかたハカセ」を見ながら問題を解いていく。

教師「はじめに何をしますか」	子供「たてる」
教師「どこに，いくつたてますか」	子供「十の位に1たてる」→1を書く
教師「次に何をしますか」	子供「かける」
教師「何と何をかけますか」	子供「4と1をかける」→4を書く
教師「次に何をしますか」	子供「ひく」
教師「何から何をひきますか」	子供「5から4をひく」→1を書く
教師「次に何をしますか」	子供「おろす」→2を書く
教師「次に何をしますか」	子供「たてる」
教師「どこに，いくつたてますか」	子供「一の位に3たてる」→3を書く

教師「次に何をしますか」	子供「かける」
教師「何と何をかけますか」	子供「4と3をかける」→12を書く
教師「次に何をしますか」	子供「ひく」
教師「何から何をひきますか」	子供「12から12をひく」→0を書く

　教師と子供で声に出して1つずつ確認しながら，教師は黒板に計算の手順を書き，子供はノートに同じように書いて確認していく。声に出して確認しながら書いていくことで定着を図る。
　②の問題も①と同様に声に出しながら「ときかたハカセ」の通りに問題を解いていく。このときに子供のノートに教師と同じように筆算が丁寧に書かれているかを必ずチェックする。細かい指導の積み重ねが子供に力をつけていくことを忘れてはならない。

2 練習問題で定着を図る

　③〜⑦の問題は自力で解かせる。ここでも大切なことは「ときかたハカセ」を使って問題を解き，定着を図ることである。
　「たてる」「かける」「ひく」「おろす」を子供に声に出して言わせながら問題を解かせていく。教師は子供が「ときかたハカセ」を声に出しながら問題を解いているかをチェックする。

3 さらにドリル指導で定着を図る

　練習問題の○つけが終わったら，さらにドリルで練習を重ね定着を図る。しつこいくらいに何度も繰り返すことで学力をつけることができる。数問練習し，問題を解くことができたからといって，「ときかたハカセ」が定着したなどと考えてはいけない。「ときかたハカセ」を何度も確認し，声に出し，多くの問題を解いていくことで着実に定着を図っていくのである。当然，ドリル問題を解くときにも，例題・類題・練習問題のときと全く同じ方法で子供に計算をさせる。最後までブレることなく，「ときかたハカセ」を徹底していくことで，学力を高めることができるのである。

（井上）

〈参照〉『新編　新しい算数　4上』東京書籍

3　5年「平均とその利用」

1 類題に挑戦させる

　ここで紹介する類題は,「平均とその利用」(全8時間扱い)の4時間目である。算数授業を分割方式(ユニット法)で構成すると,例題に取り組み,「ときかたハカセ」を提示した後,類題に取り組ませることになる。ここでは,以下の「ときかたハカセ」で問題に挑戦していく。

「ときかたハカセ」

　式は3つ　　① 平均×個数　＋　平均×個数　＝　合計
　　　　　　② A　＋　B　＝　全体の個数　(○人)
　　　　　　③ 合計　÷　全体の個数　＝　平均

　まず,p.141の類題の7番に挑戦する。「7番の問題を先生が読みます。あとに続いて読みましょう」と指示を出す。もう一度,それぞれで読ませる。

この問題を「ときかたハカセ」を使って解いていきます。
式は3つです。順番に解いていきましょう。
解けたら,ノートを先生の所に持って来ます。

　類題は,必ずノートを教師の所まで持ってこさせ,教師が○をつけたい。ここで,つまずいている子供を把握する。

式　　　　① 272×16　＋　269×14　＝　8118
　　　　　② 16　＋　14　＝　30
　　　　　③ 8118　÷　30　＝　270.6　(小数点以下は四捨五入)
　　　　　　　　　　　　　　　　答え　約　271cm

　式には「ときかたハカセ」と同じように番号をつけさせると,分かりやす

い。早くできた子供から順番にノートを持ってくる。

2 練習問題に挑戦させる

　類題で○をもらった子供には、練習問題に取り組ませる。教科書には類題のみで練習問題がないページもある。今回は教科書巻末（p.245）の「もっと練習」の71番を練習問題として取り組むように指示しておく。

　練習問題もノートを持ってこさせ、教師が○をしてもよいが、練習問題が何問かあると順番を待つ子供が増えてしまう。このような場合は、答えを予め黒板に提示しておき、自分で○をつけさせるようにする。

　ただし、自分で○をつけた場合も、教師の所に持ってこさせチェックをする。**練習問題のできばえで、本時目標への到達度を測る**ためである。

　練習問題が終わってしまった子供は、まだ、例題や練習問題に取り組んでいる子供の手助けをするように指示をする。

3 ドリルに挑戦させる

　毎回、45分の時間内でドリルに取り組ませる時間まで確保するのはむずかしいと感じる方も多いかもしれない。最後の5分だけでもよい。算数の学力定着とテストの点数の向上は、どれだけ多くの問題に取り組めるかだと感じている。時間が限られているからこそ、一斉にドリルの問題に取り組む時間は必ず毎回確保するようにしたい。取り組む問題は予め目星をつけておく。以下、5分で取り組ませるやり方を紹介する。

① 　計算ドリルを出しなさい。○ページを開けます。
② 　○番の問題を3分でやります。始め！（3分間、きっちりと測っておく）
③ 　終わり！　答え合わせをします。ドリルを隣の人と交換します。

　教師が答えを言って、子供が○つけをする。答え合わせが終わったら再度交換し、間違ったところを修正させる。できれば、教師の所へドリルを持ってこさせチェックしたいが、時間がない場合は最低限**つまずいている子供をしっかりと確認する**ようにする。

（櫻井）

〈参照〉『わくわく算数5』啓林館

第2章

3 低学力児を引き上げる指導法

1 2年 学力向上のための工夫

1 教室の環境整備に取り組もう

　低学年の子は，「目」の使い方が発達途上で，視写が困難なケースが存在する。また，発達の遅れがある子の普通級在籍も増えているのでノート指導に苦慮することも多いと思われる。そこで，子供が使っているノートと黒板を連動させる取り組みを紹介したい。

　私のクラスでは，横10マスのノートを使用し，黒板もそれに合わせている（写真左）。また，画像のように黒板の上部にマスの番号を貼ると便利である（写真右）。このように，黒板とノートを連動させたことで，迷わなくなり，書くことが速くなった。そして，書き間違え，書き忘れもかなり減った。

　一年経つと色も薄れていき，3月には濡れ雑巾で簡単に消すことができる。（取り組むときは，管理職等に相談してから行うようにしてください。）

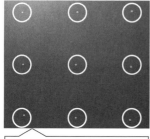
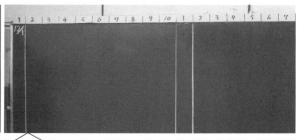

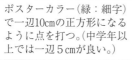

ポスターカラー（緑：細字）で一辺10cmの正方形になるように点を打つ。（中学年以上では一辺5cmが良い。）

1列目は，日付や問題の番号などを書く所。2列目から10列目までは，学習で使う所。ちなみに，縦のマスは国語のノート（縦12マス）と連動している。

　余談ではあるが，低学力児の中には，集中力に課題がある子も多い。また，様々なところに気が散ってしまい授業に入っていけないケースもある。特に，黒板の周りは，何も貼らずシンプルにスッキリとされるとよいだろう。

2 何気ない癖を把握し，改善しよう

　授業中，知らず知らずのうちに口癖や無駄な言葉を使っていないだろうか。実は，教師側からの何気ない言葉によって子供の学びが阻害され，課題把握力が弱まることがある。そこで，日々の授業を録音し聞いてみて改善する「一人研究授業」[※1]をお勧めしたい。取り組んでみると，自分の癖や仕草に気がつく。実際，私は早口が改善でき，低学力児だけでなくクラス全体の課題把握力が向上した。

3 その子の能力を理解し，無理なく力を引き出そう

　低学力児は，取り組みに時間がかかる場合が多い。そういった子たちには，時間内に無理にすべて行わせなくてよいと私は考えている。すべて行わせようとすると，教師，子供両者に無理がかかり精神衛生上よくない。また，無理に行わせることで子供のモチベーションを下げて逆効果の場合もある。だから，そういうときには，授業の板書を写真で撮りそれをノートに貼ってあげるとよい。この工夫で，残りの部分の視写，問題を家や隙間時間で行わせることができる。このような子も訓練を積んでいけば，スキルが高まりできるようになる。スキルの高まりを待つまでの措置として，ハンデを埋める工夫として取り組まれてもいいだろう。

4 3つの視点でいつも考えてほしい

　教室環境，指導者（教師），対象になる子供という3つの視点で考えることができると，より低学力児の学力の改善，向上を図ることができる。指導者側はどうしても対象になる子供に働きかけさえすれば，学力を向上できると考えがちだが，教室環境の整備や指導者側の癖などの問題に目を向けると，できることがもっと広がってくる。特に，低学年の子は，中学年，高学年の子と比べて環境に影響を受けやすい。環境が整えば子供の心も整い大きな力となる。また，教室環境，指導者自身の改善は，学力に問題がない子たちも大きく恩恵を受けることができる。ぜひ，少しずつでいいので取り組まれるとよいだろう。

(水谷)

[※1] 〈参考〉『日々のクラスが豊かになる「味噌汁・ご飯」授業　国語科編』明治図書　pp.173~188

2　4年 「四角形を調べよう」の指導の工夫

　本単元では，垂直と平行の意味を学び，垂直な直線，平行な直線を作図する。

　さらに，それらを基にいろいろな四角形の性質を調べたり作図したりしていく。その基本となるのが垂直と平行の定義（特に平行）であり，きちんと押さえられないと，単元を通して苦労することになる。

　それらを低学力児に身につけさせるためにとった手立ては大きく分けて2つある。

1 定義を「ときかたハカセ」として画用紙に書き，毎時間暗唱する

　第1時と第3時で，垂直と平行，それぞれの定義を「ときかたハカセ」として，画用紙に書いたものを提示する。

　それを子供たちにノートに写させる。

　次時以降，冒頭の復習タイムで，フラッシュカードのように使用して，毎回暗唱する。

2 「ときかたハカセ」を動作化する

　残念ながら，定義を暗唱すること自体，低学力児にとっては困難を伴う。また，字面だけで覚えても，垂直や平行について実感を伴って理解できたとは言い難い。

　そこで，「ときかたハカセ」を動作化するという手立てをとる。

「ときかたハカセ」

　2本の直線が交わってできる角が直角のとき，この2本の直線は垂直であるといいます。

　この「ときかたハカセ」を暗唱する際，「2本の直線が交わってできる角が直角のとき」を読みながら，両方の腕を直角にクロスさせながら読ませる。

　例えるなら，ウルトラマンのスペシウム光線のポーズをとるようにする（写真1）。

> 「ときかたハカセ」
>
> 　1本の直線に垂直な2本の直線は，平行であるといいます。

　こちらは，スペシウム光線の横向きの腕を動かす，垂直の応用である。
① 「1本の直線に」の部分で，左腕を床と垂直に立てる。
② 「垂直な2本の直線は」の部分で，左腕とクロスさせた右腕を2回上から下へずらす（2回ずらした右腕が，平行な2本の直線を表す）（写真2，3）。

　たったこれだけのことだが，算数が苦手なやんちゃ坊主が楽しく定義を覚えられた。

　「ときかたハカセ」を動作化できる単元では，どんどん取り入れることが，低学力児の学力向上に大いに役立つ。

（岩崎）

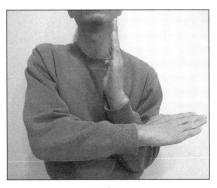

写真1

写真2

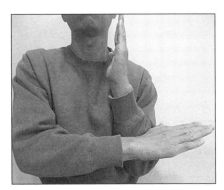

写真3

3　5年　低学力児への指導の工夫

1 算数嫌いで授業をそもそも聞こうとしないA君

　高学年になると，児童間の算数の学力差は歴然としている。

　理解できない授業，ひどい点数のテスト返却といった苦い経験を積み重ねたA君は，始めから授業に消極的だった。そして余計に落ちこぼれる。悪循環である。

　特に高学年は，テスト結果を気にする。A君もテストをもらうときに，周りに点数がばれないよう必死で隠していた。なんとかしてあげたい。

> 算数アレルギーの子こそ，復習テストで「できる」経験を積ませる

　「前より問題が分かるようになった気がする」というぼんやりした成果では，弱い。テストの点がとれれば，「自分もできるんだ」となる。子供はそういった気分によって学習への取り組みが大きく変わるように感じる。

　しかし，彼らにとって，単元全体を範囲とした業者テストで高得点をとる，というのはハードルが高すぎる。

　その点で，「復習タイム」の復習テストで満点をとることはちょうどよい目標になる。なんとか「ときかたハカセ」を覚えれば満点がとれる。私は大げさに褒める。子供にとってテストは大事だ。そのテストで満点を何回もとったA君は，明らかに意欲的になった。前時が身について本時に臨んでいるので，授業が前よりずっと分かるようになり，その発見が嬉しいようだった。挙手発言までするようになった。

　低学力児は単元の後半になると，前半のことをさっぱり忘れてしまうことがある。復習テストを3回繰り返すように計画し，子供たちにも予告した。今まで算数の宿題は絶対やってこないA君が，しっかり家で復習してきた。結果，業者テストでも初めて8割を超える点数をとることができた。

2 板書の書き写しがとても苦手なBさん

　高学年になると，どうしても板書量は多くなる。書字困難を抱える子供には，「大事なところだけは写しなさい」と声をかけることになるが，子供はその大事なところが分からない。私も，子供への言葉かけを変えた。

> 「ときかたハカセ」は絶対に写します。何度も見たくなるように丁寧に。

　すると，Bさんのノートが変わった。今までは急いで写してミミズのような字のページ，諦めて白紙のページが混在していたノートだったが，「ときかたハカセ」は毎時丁寧に書かれるようになった。それを見ながら問題練習をするので，どんどん問題が解ける。そうなるとしめたもので，休み時間に友達のノートを借りて，書ききれなかった部分のノートを後で写すようになった。これもまた，「できる」経験が子供の姿を変えていった例である。

3 週1回の取り出し指導を受けるCさん

　高学年は，多くの学校で習熟度別指導や取り出し・入り込み指導が行われていると思う。そこで課題になるのが，タッグを組む先生との連携である。指導のしかたが違えば，低学力児は余計に混乱することもある。そこで，

> 連携する先生に指導メモのコピーと，ミニテストを1部お渡しする。

　Cさんは週1回，支援員の先生から取り出し指導を受けていた。毎回同じパターンなので，指導メモを片手に朝の短い時間で打ち合わせが完了する。具体的な進め方は支援員の先生にお任せしながら，進度やノートの要点は通常クラスと同じものになるので，教師にとってもCさんにとってもストレスなく学習を進めることができた。分からないところをその場で質問しながら学習できる取り出し指導は，低学力児にとても有効だ。その効果が充分にあらわれて，最近の業者テストでは毎回クラスの平均点以上をとれるまでになった。

（佐藤）

4　特別支援学級　子供たちへの指導の工夫

　特別支援学級に在籍する子供に対して，特別支援教育の視点を取り込んだ「味噌汁・ご飯」授業を行っている。

1 教科書を教える

　「味噌汁・ご飯」授業として，教科書を教えることを心がけている。教科書で一通り学ぶことで，単元テストの「知識・技能」領域は，ほぼ，8割以上正答できている。

　単元で学ぶことは教科書にまとめられており，いつでも見返すことができるという「学び方」の情報も伝えるようにしている。

　スキル・ドリル（以下，スキルとする）の例題は，見た目の違いから別の問題ととらえて，教科書の例題で学んだ解き方を使えない子供がいる。授業準備でスキルにも目を通し，必要があれば，スキルの例題指導もする。

2 その子自身の体験を，問題の理解に用いる

　教科書の問題文を読んで，場面をイメージしにくい子供には，その子自身の体験に置き換える。

　例えば，速さの学習時，ウォーキングを楽しんでいる子供には，その子が実際に歩いた時間と地名を使って話す。

3 読み書きの負担を軽減する

　読みが困難な子供に対しては，ルビをふる，大事な語句をハイライト（強調）する，読み上げるなどすることで，算数の単元目標に関わる活動に集中できるようにしている。

　書くことが困難な子供に対しては，B4サイズのホワイトボードを特に多用している。例題指導の際，問題を提示し，口頭で子供に解答させ，答えを教師が記録する。

　また，「ときかたハカセ」をホワイトボードに書いて渡し，練習問題・スキルに活用できるようにする。

　分からないときにホワイトボードを持ってきて説明を求めるようになった

子供もおり，コミュニケーションツールの1つになっている。
4 意味を教える
　単語の意味を明確に教え，語彙を増やすことは理解につながる。「時間」「三角（形）」など日常的には曖昧に用いている単語だけでなく，「合計」など，教師にとって当たり前と思える言葉についても知っているか確かめる。

　『暗算でできるので必要ない』と考え，式を書いていなかった子供には「(テストで) 式を書く理由」を情報提供した。

　その後，式を書くようになったことで，テストの点数が上がり，学習意欲の向上につながった。

　ゴードン＆ベティ・ムーア財団のイグナシオ・エストラダは，「我々の教えるやり方で学べないなら，その子の学び方で教えるべきかもしれない。」と言っている。

　学び方の異なる子供に対しては，その子の学び方を知り，それに合わせたインプット・アウトプットを行う必要がある。

　特別支援学級においては，算数科の目標に加えて，「自分は何ができて，何ができないか」が分かり，「(一人ではできないことも) 支援があればできる」と考えられるようになること，「できた」「分かった」という経験を積み重ねることを念頭に置いて指導していきたいと考えている。

〈参考〉http://educationpost.org/teach-the-way-children-learn-one-mothers-gratitude-for-a-teacher/

（津久井）

第3章

応用編
レベルアップを目指す！
算数科の「味噌汁・ご飯」授業

　私たちは，短時間の授業準備で日々を凌いでいる。
　70点の授業になる。
　それでも，私たちの研究段階からさらにレベルアップする実践が生み出されてくる。
　単元テストの平均点が常時90点以上になる。
　クラスにいた何人もの低学力児のテストの点数が，引き上げられ，学習に意欲的になる。
　そのために，どのような手立てがとられたのか。
　その実践を提起している。

第3章

1 高学年でも高得点を上げる実践

6年 「速さ」

❶「今からでも逆転できるぞ」と励まして！

　子供たちが高校受験をするときに，志望校選択幅が狭まらないように，やがて自分の将来の夢を実現させるときに，学力が足りないために諦めることがないように。一人一人が幸福な一生を送ってほしいという願いのもと「今までのことは問わないから，今からでも逆転できるぞ」と励ましながら指導した。具体的には次の4つに取り組んだ。

❶多量の問題演習を繰り返す

①　毎日の授業の中で，ひっかかりそうな問題を計算チャレンジで5分間必ず扱う。

②　宿題は，テスト分析をもとに，自分で作成した数種類の問題を織り交ぜて，しつこいくらい繰り返す。

③　翌朝，宿題の○つけを一斉にする際，全員に答えさせる。答えさせるだけでなく，文章題を音読させ，解き方の理由も必ず言葉で説明させる。

❷言葉のネットワーク化の練習に励む

　使用頻度の高い算数用語を教えて，子供の頭に染み渡るように増やしていくことが大切だ。今回の単元「速さ」の問題は，「道のり」「時間」「速さ」がキーワードになって，それを公式にあてはめていけばよいのだが，「言葉のネットワーク」がないために，どれが「道のり」にあたるか？，どれが「時間」にあたるか？，どれが「速さ」にあたるか？，自分で拾い出せない子供がいた。そこで，時間とは，○時間，○分，○秒という別の言葉で出てくることもある。速さとは，時速，分速，秒速，1分あたりという別の言葉で出てくることもあることを，宿題プリント等で，しつこいほど繰り返し練習させた。

❸ 単位換算の練習に励む
ア　時間を分数で表す練習

　1時間は60分だから，15分は60分の15，約分して4分の1という変換のしかたが，しっくりくる子供もいたが，時計をケーキに見立てて，4等分した1個分ととらえる子供もいた。各自考えやすい方法で練習させた。

イ　単位換算の練習

　3時間＝180分　　3km＝3000m　　24km＝24000m
　0.4km＝400m等

　※宿題プリント等で，繰り返し徹底練習させた。

❹ 塾の指導方法から学ぶ

　公立学校の教師は，先入観や固定観念を捨てて，真摯な態度で塾の指導方法からも学ぶ時機に来ている。なぜなら，塾は，児童生徒を取り巻く社会情勢やPC機器等の急速な変化に敏感に対応していて，児童生徒・保護者の生の声やつぶやきに迅速に対応しているからである。インターネットでは無料動画・無料PDF練習プリントが豊富にあり，勉強方法や児童・生徒への指導的な内容についても具体的に配信されている。しかも注目すべきは，教育の経済格差を解消すべく，無料で学べることが素晴らしい。

　塾の先生方が発信しているサイト例を紹介する。

お手本人物その①『タダでマナべる「さかぽん先生.tv」』
　URL　http://sakaponsensei.tv/jugyou.html

　塾の授業を無料で何度でも見放題！　練習問題や宿題もしっかりあるよ！13年以上塾の先生をしてきたさかぽん先生が，わかりやすく丁寧に教える。これからは，塾は無料で受講する時代だ！

お手本人物その②『19ch.tv【塾チャンネル】─とある男が授業をしてみた』
　URL　http://www.19ch.tv

　「とある男が授業をしてみた」…葉一（はいち）の無料授業とpdfテキストの勉強サイト。小学3年〜6年までの算数，中学生の数学，国語，理科，社会，英語，高校数学の問題と授業。

2 算数に苦手意識を持つ子供への指導

算数に苦手意識を持つ子供には次のような特徴があった。
- 算数ができないのは，自分の能力が低いからだと思い込んでいる。
- 低学年の頃から算数ができない自分に慣れていて，テストの点数を隠そうとするか，あるいは開き直っている。
- 6年生でありながら，繰り上がりのあるたし算，繰り下がりのあるひき算，かけ算九九が定着していない。3けた×2けたの整数のかけ算，小数のかけ算の筆算，小数のわり算の筆算，分数×整数，分数÷整数等，基礎的な計算力が不足している。
- 文章問題の意味を理解できないので，少し長い文章題になると読まずに次に進む。教師が平易な言葉で解説をすると，「ああ，そういうことか」という声が多数聞かれ，自分で問題をかみ砕いて読むことを苦手としている。
- 公式や定義を曖昧ながら覚えていても，実際の問題で活用できない。
- 算数以前の問題点として，文章を音読させると，文節のかたまりで読むことができず，単語すら，ぶつぶつと区切って読もうとする。音読も困難であるし，黙読はなおさら意味が分からなくなっている。
- 読み込むことに時間がかかり，基礎的な計算力も不足し，何を答えたらよいか迷うため，他の子供よりかなりの時間を要する。

これらの特徴がある子供に対して，これまでにしてきた指導の一例を次に示す。

●勉強嫌いだったA君の場合

国語力アップ→算数文章問題解読力アップ

5年生まで，算数のみならず国語等他の教科の単元テストで壊滅的な点数をとり続けてきたことが本人の自己肯定感を著しく失わせていた。A君の一番の弱点は，漢字にフリガナをふらないと音読できないことである。

そこで，算数の教科書に出てくる，いわゆる算数用語に鉛筆でフリガナをふらせ，すらすらと音読できるように繰り返し声に出させた。次は，フリガナを消して，すらすらと音読できるようにさせた。その後，いよいよ文章問

題を3回音読させる。3回も音読しているうちに，何を問われているかが，だいたい分かるようになる。そしてＡ君が，友達に対して文章問題を読み上げ，「この問題は○○を求める問題なのだ」と解説できるようにさせる。Ａ君の場合は，基礎計算力はある程度ついていたので，この問題にはこの公式で，この答え方でというパターンを暗唱させて，声に出させながら繰り返させた。

　この一連の
・読めない算数用語を暗記する。
・声に出して音読する。
・自分が先生になったつもりで友達に説明する。

という繰り返しのトレーニングにおいて，Ａ君本人の努力は称賛に値した。さらに，Ａ君に対して，根気よく学び合いのパートナーとなった友達は，5名ほどいた。クラス全体で作り上げた「みんなで助け合おう！　みんなで高め合おう！」という雰囲気が何よりもＡ君を引き上げた要因であると感じている。2学期に入ると，Ａ君は算数のみならず国語でも90点，100点を得点できるまで伸びた。

主な単元テスト平均点の推移

観点＼単元名	円の面積	分数のかけ算	速さ	資料の調べ方
知識・理解	47／50	47／50	47／50	49／50
技能	39／50	47／50	47／50	47／50
数学的な考え方	36／50	46／50	47／50	48／50

　このような対応をして，クラスにいた低学力7名を2学期には中位の学力に引き上げていった。クラスは，平均90点以上の点数をとれるようになっていった。

（武内）

第3章

2 授業で図をかかせる

2年 「かけ算」

1 「子供のつまずき」の理由を考える

クラスには，学習の苦手な子，得意な子，発達が遅れている子など様々な子が在籍している。小学校段階では，個々が持つ能力にもばらつきがあり，すべて完璧にこなせる子はそんなに多くない。また，その年代に獲得すべきスキルを獲得している子，していない子がいるなど，個人差も大きい。

学習の苦手な子の中には，頭でイメージ化するのがむずかしい子もいる。言葉の意味をとらえられなかったり，連想することが苦手だったりする。

算数の文章問題を解くプロセスは，「問題を見る→連想する（頭の中にその問題が絵や図で浮かぶ）→立式→答え」となる。学力に問題がない子供は，頭でその問題をすぐに連想することができる。つまり，直観の領域である。直観というのは究極のアウトプットであり，インプットがうまくいっているからこそできる。逆に，学習の苦手な子は問題の連想がむずかしく日本語特有の表現方法に簡単に騙されてしまう。

子供のつまずきが，「発達的なスキルに問題がある，未熟である」と考えてみると，子供の連想や思考を手助けする手立てが必要になる。そこで，「問題の情報を図におとす（図化）」ということを提案していきたい。つまり，「問題を見る→問題の情報を図におとす（図化）→立式→答え」ということである。

2 2年生のかけ算の実践から

1 教科書分析から

かけ算は，5の段から始まり，2の段，3の段，4の段と続いていく。これは，親しみのある「5とび」や「2とび」で考えることが，子供にとって容易だからである。また，初めて出てくるかけ算のきまりは「1つ分の数×

いくつ分」である。だから，5の段の文章問題も次のような形になる。
「1はこ5こ入っているチョコレートが3はこあります。ぜんぶでなんこでしょうか。」
　しかし，学習が進むと3の段で突然このような問題が出てくる。
「子どもが8人います。あめを1人に3こずつくばると，ぜんぶでなんこいりますか。」
　先ほど述べたように，子供たちは，見た目に騙されるので，8×3と立式する子が出てしまう。これは，子供たちはいつの間にかパターンで解く癖がついてしまい，「1つ分の数×いくつ分」というかけ算のきまりを忘れ，「はじめの数×後ろの数」という自己流で解いたことが原因だと考えられる。

❷ インプットとアウトプットをつなぐ，共通言語としての図
「1はこに，5こ入っているりんごが，3はこあります。ぜんぶでなんこでしょうか。」

「りんごのはこが，3はこあります。1はこ5こ入りです。ぜんぶでなんこでしょうか。」

　言葉の表し方は多様だが，図で表すとだいたい同じものに落ち着く。また，言葉を図に表すことで視覚的にも一目瞭然になる。子供のつまずきを解決するには，頭で連想させるのではなく，言葉を図や絵など単純なものに図化することが一番の近道である。また，図化して操作していくことが，インプットとアウトプットをつなぎ，算数ができるようになっていく。

❸ 図が記憶を補完する役割になる
　学習の苦手な子は，記憶の面でハンデがある場合がある。記憶のプロセスは，感覚記憶→短期記憶→長期記憶というものを経るが，そのような子は，長期記憶に至るプロセスに問題があることが多い。特に，ワーキングメモリ

（短期記憶の一部）の力が弱く，判断したり情報を加工したりすることも苦手で，容量も少ない。

　記憶にハンデを持っている子は，どんなに問題を繰り返し解いたところで身につきにくい。だから，記憶にとどめておけないのであれば，図化することで記憶の補完になり得る。4×7＝28（四七28）と覚えていなくても，4が7個あるということさえ分かれば図をかいて解くことができる。

❹ 授業の流れ　4の段を例に

> 1はこに4こずつ入ったチョコレートが5はこあります。
> チョコレートはぜんぶで何こあるでしょうか。（『小学算数2下』教育出版　p.17）

1：例題を音読する（範読，全体読み，一人読みなどを入れて把握させる）。
2：▷「5はこ分までじゅんにもとめましょう」に取り組ませる。

T　1はこに入っている数を，○を使ってノートに書いてみましょう。
　　何こかな？　数えてみよう。
C　1，2，3，4　4こ。
T　かけ算の式を書いてみましょう。
　　どんな式になるかな？
C　4×1＝4
T　同じように2はこ，3はこ，4はこ，5はこもやってみましょう。

3：「ときかたハカセ」を確認する。

4：▷「4×6から4×9までの答えをもとめましょう。」に取り組む。
5：先生問題，スキルを解く。

　大事なことは，図のかき方を子供たちがしっかり理解し，使えるようにすることである。初めは1つ1つ過程を教え，慣れてきたら上記のようにまとめて取り組ませてもいいだろう。「問題を見る→問題の情報を図におとす（図化）→立式→答え」というプロセスをどの段でも使えるようにすることが定着へのカギとなる。

　普段から授業で，図をかかせることに習熟させていくと，宿題やテストでも図を使って考えるようになる。これは，学習が苦手な子，発達に遅れがある子だけではなく，学力に問題がない子のケアレスミスが減るなど効果がある。図のかき方も学習が進めば，簡単にかいたり言葉を付け加えたりする子が出てくる。そのような動きが出てきたら，授業中で紹介し進化させてほしい。

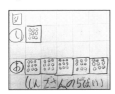  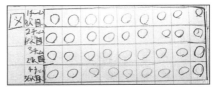

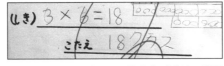

子供の取り組み（かけ算・かけ算九九づくりの学習から）

3 みんなの学力がアップした！

　この取組を行ったことでクラスの9割近くの子がテストで90点以上をとれるようになった。そして，全員70点以上だった。算数が好きだという子が増え，理由も，「できたから」「分かったから」という意見がほとんどであった。そして，「算数がおもしろくなった」という返答も多かった。

　「できる」→「分かる」→「おもしろい」というプロセスが，子供たちの明日への自信につながっていくのである。
　　　　　　　　　　　　　　　　　　　　　　　　　　　　　　（水谷）

第3章

3 復習テストを作る

5年 「平均とその利用」

1 なぜ復習が必要なのか？

　私たちは，1時間の算数授業を分割方式（ユニット法）で構成している（p.52参照）。授業のはじめは「復習タイム」（5分）をとる。テストのときなどは除くが，基本的には毎回行っている。なぜか。

　それは，前時の授業内容を多くの子供が忘れているという経験からだ。前時の授業で扱った練習問題であっても，クラスの半数近くの子供が忘れていることがある。1日経っただけでも，多くの子供たちが学習内容を忘れてしまうのである。土日を挟んだときなどはさらに増えている…。

　そこで，前時の学習内容を思い出し，今日の学習につなげていこうとする試み。これが5分間の「復習タイム」になる。どの教科でも積み重ねは大切であるが，算数は特に系統性が重要なので，前時の学習内容の確認がどうしても必要になる。

2 復習テストを作ってみる

　はじめの5分は前時の復習を行う。これくらい，すでに多くの先生が実践しているかもしれない。そこで，私たちは，復習タイムの在り方をもう一度考え直してみた。「復習テスト」という形でプリントにしてはどうだろうか。テストを作るということから，当然，時間がかかる。だから，できるだけ簡単かつ短時間で作成できる方法で取り組んでいく。

① テスト分析と連動させる

　単元の学習に入る前に，単元テスト分析をする時間がある。この時間と連動して作成する。作成は手書きで，鉛筆で行う（時間をかけないためであり，出来栄えは気にしない）。

❷ 3分間で解ける問題に絞る

単元の導入部分では，復習テストを行わないので，単元の2時間目から復習テストを作り始める。このとき，大切なのは「復習タイム」の時間配分である。

> ア　はじめは，前時の「ときかたハカセ」を何度も言わせて暗唱させる
> 　　（1分間）
> イ　復習テストをする（3分間）
> ウ　答え合わせをする（1分間）

復習テストの問題は，子供たちが「ときかたハカセ」を確認しながら自力で取り組める問題であり，かつ3分間で解けるような問題にしていく必要がある。

❸ 単元テストを意識した問題づくりをする

復習テストの問題は，単元テストではどのような問題になっているかを確認しておく。

ここでは，単元テストの問題に子供たちを慣れさせるため，

単元テスト問題に近づける類題を作る（言葉や数字が異なる問題を作る）

ことが大切である。

5年生の「割合」で百分率と歩合の練習問題は以下のようになっている。

例1：教科書の問題（数字は変えてある）　『わくわく算数5』啓林館　p.177参照

下の表で，割合を表す小数を百分率，歩合の等しいものがたてにならぶようにしましょう。

割合を表す小数		0.22	
百分率	60%		
歩合			7割5分

一方で単元テストの問題は，以下の通りである。

例2：単元テストの問題【啓林館版 基礎・基本Ａ「割合」新学社】

次の割合を［ ］の中の表し方でかきましょう。
① 1.93　　　　［百分率］（　　　　　）
② 45.6%　　　［小数］　（　　　　　）
③ 0.82　　　　［歩合］　（　　　　　）

　両方とも，割合を表す小数と百分率，歩合の関係を理解しているかを問う問題である。これらの関係については，前時の授業で扱った内容であるので前時の「ときかたハカセ」をマスターしておけば全問解けるはずである。

　しかし，例1では表を埋める形式になっているのに対し，例2では［ ］で指示された表し方で答える形式になっている。私たちの復習テストは，単元テストに近い類題を作るようにするので，この場合は，例2の出題の仕方に近づけて問題を作るようにすればよい。

作成する復習テストの例（割合の単元の7回目の復習テストなので⑦とした）

復習テスト⑦
　　　　　　　　　　　　　名前（　　　　　　　　　）
1．次の割合について（　　）に当てはまる数字を書きましょう。
　① 0.3　 は　百分率で表すと（　　　　%）です。
　② 0.745 は　歩合 で表すと（　割　分　厘）です。
　③ 26.4%は　小数 で表すと（　　　　倍）です。
　④ 3割5分1厘は　百分率で表すと（　　　　%）です。
2．次の割合を［　　］の中の表し方で書きましょう。
　① 1.2　　　　［百分率］（　　　　　）
　② 46.9%　　 ［ 小数 ］（　　　　　）
　③ 5分3厘　　［ 小数 ］（　　　　　）
　④ 0.205　　 ［ 歩合 ］（　　　　　）

　また，教科書や単元テストの言葉や数字を変える際にも注意が必要である（p.22参照）。教科書がなぜ，その言葉や数字にしたか，出題の意図を汲み取る必要がある。例えば，復習テストの例で挙げた最後の問題に注目してほし

い。0.205を歩合で表すと正しくは2割5厘だが，よくある誤答として2割5分が挙げられる。この問題は小数第2位の0をどのように扱うかを試している問題であると言える。

　ただし，出題意図まで考えて問題を作成していると時間が足りなくなってしまうので，単元テストを分析し，子供が間違いやすい問題などに絞って問題を作成するとよいだろう。復習テスト1枚あたり5分〜10分で作成したいところである。

❹ 最低3回は繰り返し行う

　復習テストは，単元学習の間にそれぞれを**最低3回**は取り組む時間をつくるようにする。例えば，1回目は復習タイム，2回目は宿題，3回目はまとめ学習のときというようにするのである。給食の配膳待ち時間や朝学習の時間などに取り組ませてもよい。**最低3回，同じ問題に取り組むということが大事である。**あえて，問題の言葉や数字は変えない。同じ問題でも3回取り組めば，理屈で分からなくとも感覚でできるようになってしまう子も多い。問題への慣れである。理解は後から追いついてくればよい。

　復習テストは，子供たちが好きなときに取り組めるよう，ロッカーの上などに整理して並べておいてもよいだろう。やり終えた復習テストは，ファイルなどに綴じさせておくようにする。

❸ 復習テストの効果

　復習テストを繰り返すうちに，目立ってきたのは，単元テストでの平均点の向上である。5点〜10点の向上がある。低学力の子の中には平均点近くまで点数を上げた子もいる。

　復習テストの効果は大きい。やはり，最低でも3回以上繰り返すことが効果を上げている。そして，この復習テストが単元テストと連動していることも効果を上げた要因だと考えている。ただ，この復習テストを作るためには時間がかかる。そのための時間をつくらなくてはいけない。そこがデメリットになる。

（櫻井）

第4章

よく分かる！ 算数科の「味噌汁・ご飯」授業づくり Q&A

　算数科の「味噌汁・ご飯」授業について，基本的な考え方を質問形式で答えている。

　繰り返しになっている部分もあるが，大切な部分であるので容赦願いたい。

　この中で，「Q1　算数と数学の違い」，「Q8　問題解決学習への対応」については，今までの算数学習を揺さぶる考え方だと思っている。

　多くの批判を受けることになるであろうが，あえて取り上げることにした。

　じっくりと考え直してもらいたいという思いである。

　これほど算数嫌いの子供たちが多く出る要因には，その「教え方」に問題があったのだと，私たちは考えている。

第4章

Q1 算数と数学の違いをどう考えればいいのでしょうか。

A1

1 「算数」と「数学」の違い？

　小学校の教師のほとんどは，多分こういう問いかけをしたことがありません。だから，ここから考えていくというのは，大変重要なことです。

　算数は，実生活で使えるツールを身につけさせることを大きな目標にしています。子供たちに「どうして算数なんか勉強するの？」と問いかけられたら，「これを勉強しなければ，あなたのこれからの人生で，すごく困ることになるよ」と答えなければなりません。四則計算，時計の読み方，速さの計算，割合，％の計算などすべて実生活で必要になるものです。

　一方，**数学は，「数学」という学問を通して論理的に考える力を身につけること**が大きな目標になります。だから，**実生活ではほとんど使わない抽象的な数字や形**が対象になります。生徒たちは「どうして社会に出て，ほとんど使わないものを勉強しなければならないのか？」と問いかけます。それには「大人になり，生きていく上で様々な問題にぶつかります。その問題を解決するためには，まだ起きていないことを予測したり，実際に解決したりする『論理力』や『想像力』が必要になります。その力を磨くために，数学を勉強していくのです」と答えなければならないと思います。

　算数と数学の目標は明快です。算数は，「実生活で使えるツールを身につけさせること」です。そのために，計算のやり方をきちんと教え，その正確さと速さが求められます。そして，単位，割合，面積などの正しい理解になります。数学は，結果そのものより，どうやってその結果になったのかという論理的追究を重要視します。

2 算数は「基礎トレーニング」である！

　問題は，算数から数学へのつながりということになります。このことにつ

いては，細野真宏先生が，『細野真宏の数学嫌いでも「数学的思考力」が飛躍的に身に付く本！』（小学館）の中で，そのつながりを明らかにしています。

> 　小学校の算数というのは，いわゆる**「基礎トレーニング」**なのです。例えば，部活において野球部に入ったら，いきなりゲームを楽しめるわけではなくて，まずは最低限必要な基礎体力を身に付けるために，走ったり腹筋運動をしたりと**「基礎トレ」**をしなければなりません。そして，さらに素振りやキャッチボールなどの基礎的な練習をしっかりとこなします。
> 　そして，それらを十分にこなした後で，やっと楽しいゲームにたどり着くことができるのです。

「算数」は，「基礎トレーニング」という位置づけです。その「基礎トレ」を経て，楽しいゲーム（数学）にたどり着けるということ。
　「基礎トレ」とは何か。

> ①　いろいろな公式や解法を覚えて使えるようにすること。
> ②　定義を暗記して，それが使える練習をすること。

　小学校の段階で「基礎学力」をきちんと身につけていないと，「数学の楽しさ」を味わうことができないばかりか，実社会で生きていく上での強力な武器となる「数学的思考力」を訓練するチャンスさえも逃していくことになるのだと，細野先生は強調されています。
　私たちの「味噌汁・ご飯」授業も，この立場に立っています。
　算数では，「教えること」はきちんと教えて身につけさせること。そして，ほんとうの勝負の場である「数学」へ向かわせなくてはならないのです。

（野中）

第4章

Q2 「ときかたハカセ」はどうしたらうまく作れますか。

A2

　私たちは，授業準備時間を10分程度と考えています。その限られた時間で「ときかたハカセ」を設定しなければなりません。

　そのため，ポイントを絞り込みます。

　「ときかたハカセ」は，次の３つの要素を含んでいます。

○用語，単位，記号の理解
○式の立て方
○計算方法

　では，どのような手順で「ときかたハカセ」を作ればいいのでしょうか。

１ 本時目標との整合性を図る（p.42の指導メモを活用する）

(例) ５年「比べ方を考えよう」
本時目標…平均の「意味」と「求め方」について理解する。

本時は，何を指導すればいいのかを見極めることです。
ここでは，「意味」と「求め方」を指導すればいいのです。
教科書では次のようにまとめてあります。

　いくつかの数量を，等しい大きさになるようにならしたものを，平均といいます。平均は，次の式で求められます。
　　　　　　　　平均＝合計÷個数

『新編　新しい算数　５年下』東京書籍　p.4参照

　「ときかたハカセ」では，これを，もっとかみ砕いて，意味と求め方に分けて書きます。
　意味の部分は，**キーワードごとに分けて書きます。**

112

> いくつかの数量を
> 等しい大きさになるように
> ならしたものを平均という。

　求め方の部分では,「平均＝合計÷個数」と書いてありますが,私たちは「合計÷個数＝平均」と書きます。

　なぜ,このようにするのか。低学力の子供も,この「ときかたハカセ」を活用することによって,自分の力で問題を解けるようにするためです。

　一文が長いと,文の内容を理解することが困難になる子供がいます。それを防ぐためです。また,求め方についても,「平均＝合計÷個数」は,日頃,子供たちが使っている式の書き方「合計÷個数＝平均」とは違うからです。

2 「ときかたハカセ」の作り方3種類を使い分ける (pp.46〜51を参照)

① A型（教科書そのままを使う）

　各指導時間の例題のまとめとして書かれているものをそのまま使います。できれば,上に示したように,かみ砕いてまとめます。

② B型（言葉の式＋数式）

(例)　た　て×よ　こ×高　さ＝直方体の体積
　　　 2 × 3 × 4 ＝ 24

　言葉の式だけでは,抽象的で理解がむずかしい子供には,数式が入ると分かりやすくなります。

③ C型（新しく作成する：教科書に書かれていないもの）

(例)　(2, 3, 5)の最小公倍数の求め方
　① 大きい数5の倍数を最初に書く。
　② 5の倍数と等しい　3の倍数,2の倍数　をさがす。

5の倍数	5	10	15	20	25	30	35
3の倍数	×	×	○	×	×	○	×
2の倍数	×	○	×	○	×	○	×

　以上,いくつか例示しましたが,毎回やっていけば慣れてきて,短時間でできるようになります。

(小島)

第4章

Q3 (業者)テストの成績を上げるにはどうしたらいいですか。

A3

1 単元に入る前に必ず,「テストの分析」をする

今まで,多くの教師は,テストの分析をやってきませんでした。このようなことをやるのは「姑息なことだ」と考えていたからです。

では,私たちはなぜこのことをやるのか,ということになります。

それは,「目標—評価」を一体化するためです。

各単元を指導するためには,必ず単元目標があり,そのもとに各時間の本時目標があります。本時目標とその時間の評価は一致しなければなりません。

つまり,テストをして評価するということは,教師が指導した内容とテストの内容が一致しなければならないということです。

ここで次のことを確認します。

---

① テスト問題が,授業のどこで扱われるかを知る。
② テスト問題で,授業の中で扱っていない問題はないかを確認する。

---

2 ①についての対応

次に挙げる内容でテスト問題に対応していきます。

ア　テスト全部の問題を各授業時間に振り分けていきます。

「テストの1番目の問題は,1時間目の授業で,きちんと練習問題が解ければできるな。2番目の問題は,3時間目の授業で出てくるのでここでの練習問題が解ければできるな…」というように1問ずつ確認していきます。

イ　類似問題を作成します。

類似問題は,テスト問題の文脈に沿って,言葉や数字を変えます。

ウ　類似問題は,翌日の授業の「復習タイム」に使います。

3 ②についての対応

　ここでは，教科書には載っていない問題がテストには出ているということへの対応の仕方を述べます。

　私たち教師は「基本的な指導はしているので，その応用問題だから解けるはずだ」と今まで思い込んでいました。ところが，認知心理学の「文脈依存性」や「領域固有性」によれば，これらの問題は，子供たちにとって「習っていない問題」としてとらえられるということが分かりました。

　だから，私たちは，日頃の授業の中でこの種の問題を意識して子供たちに練習させなければなりません。慣れさせておかなければならないのです。

　具体的には「まとめの時間」等，単元の終末にある練習問題や応用問題を解く時間にこの種の問題を組み入れて練習させます。

4 練習問題を反復させる

　次の手順でテスト問題の練習問題を解かせます。

① 単元に入るときに，各授業時間に出てくるテスト問題の類似問題（3分間でできるもの）を作り，最低3部印刷しておきます。

② 各授業時間の中で，必ずテストに出てくる類似問題を練習させます。

③ 復習タイムの時間（授業の最初）に前時の類似問題を解かせます。

④ 授業で扱っていない問題については，［まとめ］の時間等を活用して類似問題を数題作って指導し，練習させます。

⑤ ①で3部印刷した類似問題は，隙間時間や宿題にして繰り返し練習させ定着を図ります（同じ問題なので，繰り返し行えば，回数が多くなるほど短時間でできます。だから，複数題まとめて練習させられます）。

5 事実を示して，子供を伸ばす

　10点～30点しかとれなかった子供が60点～80点をとれるようになったとき，「自分もやればできるのだ」という自信が芽生え，やる気が育っていくと考えます。ただ点数を上げればいいとは考えていません。あくまでも子供たちができる喜びを感じ，意欲を持って学習に取り組めるように，テストにおいて，事実を示してやることが大切であると考えています。

　　　　　　　　　　　　　　　　　　　　　　　　　　　　　　（小島）

第4章

Q4 低学力児への対処法を教えてください。

A4

1 低学力児が放置されている!

クラスには必ず基礎的な計算(繰り上がり,繰り下がりの計算,かけ算九九など)ができない子供たちがいます。

かつては,多くの先生たちが,この子供たちに対して,なんとかしていこうと様々な手立てを考えて取り組んだものでした。今では,ほとんど放置されています。授業中に時間をとって教えたりすることはありますが,ほとんど理解できる状態にはなりません。また,授業中,今学習していることとは違って,プリントで基礎的な計算をやらせているクラスもあります。できる状態にはなりません。

1,2年生の先生たちの課題ですが,マスターさせない状態で上の学年に上げられてきている場合が多々あります。算数は系統的な学習ですので,この基礎的な計算ができなければ,上の学年の学習理解ができていくことはむずかしいのです。そこで,この子供たちは算数嫌いになり,算数の授業中は全くの傍観者で過ごすことになります。

どうしていくかという悩みを持っている先生は多いと思われます。

2 低学力児には,2つの方法で対処

私たちは,2つの対処法を駆使します。

① 授業中の対処法をどうするか。
② 授業以外の場所での対処法をどうするか。

①への対処について,詳しくはp.66を参照してください。決して,低学力児だからといって,他の教材を与えるなどの手立てをとることがないよう

にしてほしいのです。かけ算九九ができないならば、九九表を与えていくようにすることです。「分からなかったら、どんどんこの九九表を使っていいです」と伝えることです。どんどん教えてあげることに躊躇しないこと。

　まず、大切なのは「できる」状態をつくること。「分かる」状態でなくていいのです。「できた！」「問題が解けた！」という状態です。

　②についての対処です。

　3年生以上の学年で、基礎計算ができない子供たちに、授業中できるようにすることはむずかしいです。授業中、できない子供の机のそばに座って、ずっと教えている場面を見かけることがよくあります。これを絶対にやってはいけません。授業のテンポがなくなりますし、授業が停滞してしまいます。では、どうしていくか。これについても、p.68で詳しく書いています。

　小学校は、給食配膳中の10分間を利用すること。この時間しか、小学校では、自由にできる時間はありません。1年間、この時間を使って、とにかく基礎計算ができるようにすることです。早い子供で1か月でできてしまいます。何人もこういう子供を見てきました。

　大切なのは、その子供にどのように納得させるかです。もともと算数嫌いですから、先生が「九九を覚えよう」と誘っても、その気になりません。無理をしてやらせても、なかなか覚えようとしません。

　ここは作戦が必要。クラスで「苦手退治作戦」などのキャンペーンを張って、「どんな子供でも苦手なことがある。まず、かけ算九九が苦手なことから退治しよう！」と全体に訴えていきます。そして、個々の子供の説得に当たるのです。できるようになったら、褒めまくってクラス全体にも報告します。配膳中10分間に、担任ができない場合は算数係に手伝ってもらえばなおクラスでの取組であることが強調されます。

(野中)

第4章

Q5 「教科書を教える」ことにはどのような趣旨がありますか。

A5

1 なぜ教科書を使うのか

まず確認しておきたいのは，教科書については，学校教育法に以下のように記されています。

> 学校教育法　第三十四条
> 　小学校においては，文部科学大臣の検定を経た教科用図書又は文部科学省が著作の名義を有する教科用図書を使用しなければならない。

だから，教科書は使用しなければならないのです。中身を教科書とは違う方法で工夫して教えることは可能ですが，使用しないということは法律違反になってしまいます。

教科書を使って算数の授業をしていると言うと「教科書なんか使っていては子供に力がつかない」「教科書を見せてはだめだ」「自分でプリントを作って授業を進めなさい」という反応が返ってくることがよくあります。まるで教科書を使わない授業が優れた授業で，教科書を使った授業が劣った授業かのような言い方をされるのです。果たして本当にそうなのでしょうか。

教科書を使わない授業を行った方が，テストの点数が高くなるといった研究結果を聞いたことはありません。私たちは逆に教科書を使ってしっかりと教えているクラスの点数の方が高いという印象を持っています（このことは検証していく必要があると考えます）。

小学校教師はほとんど毎日算数の授業を行っています。毎時間，研究校のような手間のかかる授業を行うことはできません。経験の少ない教師から，ベテランの教師まで，毎日の算数の授業を安定して行うには，共通にどの子も持っている教科書を使って授業を行い，子供たちに着実に学力をつけてい

くことが大切だと私たちは考えています。

　そもそも学習指導要領に基づいて作成され，国の検定を通り，税金を使って無償で配られている教科書を使うことに対して異論を唱えることがおかしいはずです。

2 教科書を使って日常授業を改善する

　小学校の教師は一人で多くの教科を教えなければなりません。毎時間どの教科でも新しい内容を教えなければならないのです。毎日，毎時間，授業の本番がやってきます。演劇に例えるならば，毎日，毎時間，違った台本の本番の舞台がやってくるのと同じです。毎時間，自信を持って子供の前に立たなくてはならないのです。忙しい中で，毎時間の授業で子供に学力をつける授業を行うには，安定した授業のシステムが必要になります。そのために授業で使うテキストは，完成度の高さが保障されている教科書を使います。私たちは教科書を効果的に使った授業で，すべての子供たちに確かな学力をつけるシステムを研究しています。そうした研究が，子供たちにとっても，忙しい教師にとっても必要なことだと考えているからです。教科書を活用することで，毎日行われる日常授業を充実させていこうとしているのです。

3 教科書を使った安定したシステムで学力を高める

　「例題」を「ときかたハカセ」を使って解くことで問題の解き方を理解し，その「ときかたハカセ」を使って類題を解き，「練習問題」を自力で解いていくというシステム。このシステムに子供たちが慣れてくれば，学習を効率的に進めることができます。そうするとドリルなどの練習問題を数多く授業時間の中で解く時間が生まれます。新しく学習した内容は数多くの問題を解くことで定着を図る必要があります。時間が足りなくなって，練習問題の1問さえ解くことができずに，残りは宿題にしてしまうなどということがなくなるのです。教師の教材研究も慣れてくれば効率的に行えます。教科書を見ながら，各時間で教えるべき内容をチェックし，「ときかたハカセ」を作り，類題・練習問題が解けるように組み立てを考えます。教える側の教師にも時間的な余裕が生まれてきます。

(井上)

第4章

Q6 どうすれば,全員参加の授業になるのでしょうか。

A6

1 全員参加の考え方

　私たちは「味噌汁・ご飯」授業の目的の中に,「全員参加であること」を設定しています。
　この「全員参加」には,2つのことを考えています。

> ① 全員参加の授業をつくり上げること。
> ② 低学力児を引き上げていくこと。

　②については,p.64を参照してください。
　①の「全員参加の授業」とは,授業の中で傍観者をつくらず,全員を参加させていく授業のことです。
　「授業の主体はだれですか」と問うことがあります。ほとんどの先生が,「子供です」と答えられます。「違います」と答えると驚かれるのです。
　これははっきりしています。授業の主体は,「教師」なのです。ここを勘違いしてはいけません。授業には,本時の目標があり,それを達成していくのは教師以外にありません。教師が主体にならなければできないことです。主体であるからこそ,本時目標を達成していくために,様々な手立てが工夫されるのです。
　全員参加の授業をつくり上げることも同じことです。主体である教師が,意図的に指名したり,発言を促したりしなければいけません。挙手発言だけを中心にする授業がありますが,それは全員参加の授業にはなっていきません。

2 「アウトプット学習」を推進する！

　それでは，どのような授業をすれば「全員参加」の授業になるのでしょうか。

　私たちは，授業を「インプットとアウトプットで成り立つもの」だと考えています。「インプット学習」とは，聞く，見る，読むなどの活動を通して，様々な知識や情報を得たり，理解したりする学習です。一方，「アウトプット学習」とは，インプットしたことを考えたり，伝えたり，表現したりする学習です。

　「全員参加」の学習を組織するためには，この「アウトプット学習」を推進することになります。「アウトプット」には，必ず**「行動・動作」**が伴います。**「書く」「発表する」「話し合う」**などの活動です。

　このことを機能させることによって，全員参加を実現していくのです。

　もう少し具体的に書くと，次のようになります。

---

① 良好なアウトプットをするためには，どうしても**「考える」**ということが不可欠です。そのためには，**「書く」**という活動が中心になります。ノート指導は必須です。

② **「発表する」**ということは，挙手発言だけでなく，列指名，名前別指名，男女別指名などを意図的に組み合わせていきます。

③ **「話し合う」**には，「ペア」や「グループ」での活動があります。

　この①②③を授業の中に意図的に組み入れていけば，「全員参加の授業」を実現することができます。

　あらゆる「インプット学習」は，「アウトプット学習」によってこそ完結するもの。その意味で，全員参加を実現する「アウトプット学習」は必要不可欠なものです。

（野中）

第4章

Q7 10分間程度で,どのようにして教材研究するのでしょうか。

A7

1 多くの先生が「ぶっつけ本番授業」をしている！

　今，多くの先生たちが勤務時間の中で教材研究をする時間は，1時間もありません。会議や研究会があれば，ゼロになります。子育てをしているママさん先生たちは大変です。家に帰ってから睡眠時間を削って教材研究をしなければならなくなります。できない場合が出てきます。そうなると，「ぶっつけ本番授業」をする以外にないわけです。何も準備をしないまま教室に行き，「今日何ページからだったの？」と子供に聞き，そこを子供に音読させている間に指導書を斜め読みする，綱渡りみたいな授業。子供は「つまんない！」と公然と文句は言いません。だから，いつのまにかその「ぶっつけ本番」が日常化していくことになります。今，多くの先生たちが陥っている状況ではないでしょうか。これではダメだとときどき思い返されるのでしょうが，先生たちの忙しさは，半端ではありません。じっくりと腰を据えて，教材を検討する時間はないのです。

2 10分で授業準備をする！

　私たちは，この「現実」を踏まえます。

　この現実の中で，何ができるのか。そのように発想します。なんとか勤務時間の中で，せめて「1時間」でも明日の教材研究に使える時間を生み出したいと願っています。私たちは，「教材研究」という言葉を使いません。「授業準備」と言っています。「教材研究」という言葉は，「ごちそう授業」（研究授業）とセットで考えられてきたものです。そんな多くの時間はありません。ほんの10分ぐらいが1教科に当てられる時間でしょう。そこで「10分間授業準備法」です。詳しくは，p.60を参照してください。

　「10分間で何をするのですか？」「そんな時間でほんとうに授業準備ができ

るのですか？」と問われるでしょうか。

　例えば，「味噌汁・ご飯」授業を学校ぐるみで追究した北海道の大曲小学校も，「1教科は，10分ぐらいで検討するのだ！」と主張していました。それで，何をこの学校はしていたのか。

　「1時間の学習課題を考える」というのが，この答えでした。

　この大曲小は，1時間で何を教えるのかをとても意識していて，45分で完結する授業を目指していました。

　課題道場という場を設けて，校長を含めて話し合ったり，学年団で話し合ったりを繰り返していました。

　課題づくりは，以下のように取り組んでいました。

A　課題を書く。
B　まとめを書く。
C　課題とまとめが正対しているかを検討し，課題とまとめを見直す。

　私たちが提起している算数の「味噌汁・ご飯」授業では，「指導メモ」を作ることを10分ぐらいで行います（pp.40〜43を参照）。中心は，「ときかたハカセ」を作ることです。これに慣れるまでは大変ですが，慣れてきたら，すばやく作成できるようになります。ここが大きなポイントです。これさえうまくいけば，あとは教科書の流れに乗って指導していけばいいのです。インプット（例題の解き方を教える）とアウトプット（解き方を活用して自分で解く）をつないでいくのが「ときかたハカセ」ですから，これがうまく機能していけば必ず子供たちが「できる」という状態をつくり上げることができます。私たち「味噌汁・ご飯」授業研究会のメンバーの実践で明らかになっていることです。

（野中）

※大曲小学校の実践は，『日常授業の改善で子供も学校も変わる！学力向上プロジェクト』（明治図書）を参照。

第4章

Q8 「問題解決学習」を行っていないのはなぜですか。

A8

　算数で「問題解決学習」という学習方法があります。日本全国の多くの学校で実践されています。これは、算数授業をしていくための1つの方法論です。

　この方法は、アメリカのスタンフォード大学のポリア教授が、大学生を相手に展開した『問題の解き方』の理論を、日本の研究者たちが日本の小学生相手に応用しようと『変形』させたものだと聞いています。考える力をつけることを目的として作り出されたものだそうです。

　この方法で、確かに効果を上げている学校もあります。しかし、効果を上げていない学校もあります。後者の学校が多いです。あくまでも方法論ですので、決め手は、目の前の子供です。どんなに評判の方法でも、目の前の子供に合わなければ違う方法をとらなければなりません。当然ですよね。

　「味噌汁・ご飯」授業が、この方法を採用しないのは、算数の目標の1つに挙げている「低学力児を引き上げていく」ことができないからです。全くできません。この方法をとっていくと、ますます「算数嫌い」を増やしていくことになります。

　「教え方がまずいからだよ」と言われると思います。

　でも、多くの先生たちが実践した結果がそうなのです。この授業法には、構造的に「低学力児に対応できない」何かがあるのです。

　例題の1問を「ああの、こうの」とじっくり「自力解決」させます。どのように解けばいいのかと考えて、予想を立てさせます。予想が数多く出れば出るほど子供たちが「考えている」ことになるというのです。すでに、学習塾などで先行学習をしている子供は、教科書に出ている解き方を出せます。ところが、算数が苦手な「低学力児」はこの時点でもうアウトなのです。時

が過ぎるのを待つ以外にない。教師は，子供たちに考えさせなければならないので，教科書も机にしまわせて，教えず，ただ既習したことだけを頼りにひたすら考えさせるわけです。「教えず考えさせる授業」なのです。この時間を20分から30分使います。あとは，類題まで。いつも練習問題まで行き着かないで，宿題に回されます。ただの1問をじっくり自力解決します。予想がいっぱい出れば出るほど，時間は延びるのです。

　問題解決学習を取り入れておられる先生方の授業は，こうなっていませんか。低学力児はそのまま放置されていませんか。「学力」が上がっていますか。「学力」が上がっていることを何で「評価」されていますか。「考える力」がついていることを何で「評価」されていますか。

　私たちの「味噌汁・ご飯」授業は，例題を15分ぐらいかけて教えます。

　「教える」というのは，例題の「解き方」をきちんと教えるということです。

　「ときかたハカセ」にまとめます。そして，類題・練習問題を子供たちに「自力」で解かせます。1時間の授業を確実に完結する手立てをとっています。「解き方を教えて，練習させ，確実に理解させる」という方法です。

　「それじゃあ，『考える力』を育てることはできないんじゃないですか？」という質問があります。

　「算数」でやることは，「数学」への橋渡しです。「数学」では本格的な「数学的思考力」の追究をします。そのための「基礎トレーニング」です。

　私たちは，学習指導要領に基づいて作成された教科書を教えていきます。その中で，子供たちに，類題・練習問題を自力で解かせながら，その過程で思考力などが養われると考えています。実際に問題を解く過程で，解き方を覚え，考える力を身につけていくのです。

　その結果として単元テスト（業者テスト）の「思考力」のところで，実際に思考力がついたかどうかを判断しています。確実に手応えがある実績を上げています。

（野中）

おわりに

　「味噌汁・ご飯」授業の国語科編を出してから3年が経過した。そして、ここに算数科編を出すことが出来た。
　小学校の教科で、時間数が多いのは、国語と算数である。
　人が生きていくための基礎となる必要不可欠の教科で日常授業の核となる。その両輪がようやく出来上がった。
　2020年度より、新学習指導要領が改訂され実施される。英語、道徳が教科となりプログラミングの指導、「主体的・対話的で深い学び」（アクティブ・ラーニング）による授業等、指導時間数の増加のみならず、指導内容も多岐にわたって、行われるようになる。
　今でさえ、教材研究の時間も確保できず、世界一長時間労働を余儀なくされている先生たちにとって、ますます過酷な状況が差し迫ってきている。
　そんな先生方をなんとか応援したい。教師としての誇りを失わず、子供に「やればできるのだ」という自信を持たせられる教師であってほしい。
　そんな願いから、この本は生まれた。
　年に1，2回の100点の「ごちそう」授業よりも70点でいいから毎日「味噌汁・ご飯」授業を継続することで子供には学力がつく。私たちはそう考える。
　だから次のようなことを提案した。

○短い時間で明日の授業の準備をする。
○全員参加の授業をつくる。
○基礎・基本を押さえた上での学力向上を図る。

　最低限、これだけの内容は押さえなければならない。
　私たちは、この主張を実現するために、日常授業の在り方を様々な角度か

ら検討し，実践を重ねてきた。

　結論は，「教科書を教える」ということであった。

　そのための授業の在り方・手法を考え抜いた。

　そして導き出したのが，1時間（45分）で本時目標を達成するための工夫である。

○インプット（教える）とアウトプット（子供が自力で解決する）の区別
○「ときかたハカセ」の設定
○類題・練習問題の自力解決
○学力向上のためのテスト対策
○基礎学力徹底のための反復練習

　これらの内容が，45分の中に組み込まれている。

　詳細については，各章を詳しく読んでいただきたい。

　ここまで至るには，多くの方々の実践を参考にさせていただいた。特に，向山洋一先生の『向山型算数教え方教室』（明治図書），また，学力向上の指導については，西川純先生の『THE 教師力ハンドブック　簡単で確実に伸びる学力向上テクニック入門〈会話形式でわかる『学び合い』テクニック〉』（明治図書）が大変参考になった。ここに，両氏に敬意を込めて，お礼申し上げる。

　尚，今回の出版に際し，力強く後押しをしてくださった明治図書編集長木山麻衣子さんに深く感謝の意を表したい。

2017年6月　　小島　康親

【編者紹介】

野中　信行（のなか　のぶゆき）
元横浜市小学校教諭。初任者指導アドバイザー。『新卒教師時代を生き抜く』シリーズ，『「味噌汁・ご飯」授業』シリーズなどで問題提起をする。著書多数。

小島　康親（こじま　やすちか）
元横浜市小学校校長。校長時代に講師として多くの先生たちを指導する。『「味噌汁・ご飯」授業　国語科編』編者。

【著者紹介】

「味噌汁・ご飯」授業研究会

野中　信行　　元横浜市小学校教諭
小島　康親　　元横浜市小学校校長
秦　　安彦　　神奈川県大和市立文ヶ岡小学校校長
井上雅一朗　　神奈川県横浜市立善部小学校教諭
上澤　篤司　　東京都公立小学校教諭
清水　大格　　神奈川県平塚市立花水小学校教諭
津久井伸明　　神奈川県横浜市立小学校教諭
尾上　正行　　神奈川県大和市立引地台小学校教諭
岩崎　隆史　　神奈川県横浜市立小学校教諭
水谷　陽一　　神奈川県川崎市立小学校教諭
武井　夢見　　神奈川県横浜市立鶴ヶ峰小学校教諭
櫻井　竜介　　神奈川県大磯町立大磯小学校教諭
佐藤　一平　　神奈川県横浜市立新石川小学校教諭
梶原　英伸　　東京都公立小学校教諭
武内　悦子　　神奈川県大和市立小学校教諭

イラスト：木村美穂

日々のクラスが豊かになる「味噌汁・ご飯」授業　算数科編

2017年8月初版第1刷刊　Ⓒ編　者　野中信行・小島康親
　　　　　　　　　　　　著　者　「味噌汁・ご飯」授業研究会
　　　　　　　　　　　　発行者　藤　原　光　政
　　　　　　　　　　　　発行所　明治図書出版株式会社
　　　　　　　　　　　　　　　　http://www.meijitosho.co.jp
　　　　　　　　　　　　（企画）木山麻衣子（校正）有海有理
　　　　　　　　　　　　〒114-0023　東京都北区滝野川7-46-1
　　　　　　　　　　　　振替00160-5-151318　電話03(5907)6702
　　　　　　　　　　　　　　　　　　ご注文窓口　電話03(5907)6668

＊検印省略　　　　　　組版所　中　央　美　版

本書の無断コピーは，著作権・出版権にふれます。ご注意ください。

Printed in Japan　　　　　　　　　　ISBN978-4-18-116318-1
もれなくクーポンがもらえる！読者アンケートはこちらから　→